Du kriechst so lange beim Optimismus unter, bis du enttäuscht zum Pessimisten wirst. Dann bemühst du dich, deinen Optimismus zu erneuern. Alles nur, weil du die Ungewissheit deines Lebens nicht erträgst. Dabei kann sie es sogar steigern.

Weit weg vom Geschrei des „Du kannst alles schaffen!" oder „Wird eh nix!" und von Alles-ist-gut-/schlecht-Predigten entwirft Ole Wolf eine neue praktische Philosophie: Wie kann man mit der Ungewissheit leben, also jenseits von Optimismus und Pessimismus? Was ist dann Wahrheit, was Sinn und wie lässt sich mit dem Leiden umgehen?

Ole Wolf

SCHEISS AUF OPTIMISMUS

Und auf
Pessimismus sowieso

Bibliografische Information der Deutschen Nationalbibliothek: Die
Deutsche Nationalbibliothek verzeichnet diese Publikation in der
Deutschen Nationalbibliografie; detaillierte bibliografische Daten
sind im Internet über dnb.dnb.de abrufbar.

Herstellung und Verlag:
BoD – Books on Demand, Norderstedt
ISBN: 978-3-757-81908-8

INHALT

AUFRISS

Optimismus, Pessimismus, Ungewissheit

Angenommen, du weißt nie, was das Leben zu welchem Zeitpunkt an Gutem und Schlechtem für dich bereithält und wie du beides überhaupt sicher erkennst; du kannst dich auf nichts verlassen, nichts kontrollieren, nicht einmal dich selbst. Niemals darfst du behaupten, dass deine Ähre dem Himmel objektiv auch nur einen Millimeter näher ist als eine beliebige andere auf dem weiten Feld der dünnen Halme. Das Dasein ist das Ungeheure, dem Grund der Abgrund nie fern. Leben ist fundamental und total ungewiss, unsere Werte, unsere Beschreibungen. Zustände wälzen sich immer wieder um. Der Wechsel, alles Prozesshafte, das Tragische dominiert: Nichts muss entstehen, alles kann vergehen.

Ungewissheit betrifft auch diese Schrift – um mir direkt zu Beginn selbst mit einer Paradoxie ins Wort zu fallen: Sogar Ungewissheit ist ungewiss. Vielleicht gibt es Gewissheiten, die ich nicht als solche erkenne, weil ich verrückt bin.

Außerdem angenommen, du musst dein Leben exakt so, wie es war, ist und sein wird, nicht nur ein einziges Mal, sondern unendliche Male durchstehen, jeden einzelnen Moment, Höhenflüge und Abstürze, eine ewige Wiederkehr des Gleichen, für immer nach dem Tod von vorn. Du weißt jederzeit um die unbegrenzt vielen bevorstehenden Durchläufe und erinnerst dich an die zurückliegenden.

Wie könntest du mit der Situation befreundet bleiben und sie rückhaltlos bejahen?

Diese große Frage beantwortet das kleine Buch ohne den Anspruch, jedem Leser Brauchbares mitzuteilen. Zu eklatant ist die Vielfalt unter den Menschen. Philosophien lese ich als individuelle Reaktionen auf Erfahrungen; in ihnen sprechen sich ihre Urheber aus und teilen mit, was sie aus sich und gelegentlich dem Rest der Welt machen wollen. Ihre allgemeinen Aussagen über richtiges und falsches Leben, Glück und Unglück, Sinn und Unsinn zeigen eines zuverlässig an: die Grenzen ihrer Phantasie. An irgendeiner Stelle der großen Wand des Daseins muss man den Nagel einschlagen, um die eigene Philosophie zu befestigen. Da baumelt sie dann neben anderen als weiteres Beispiel des menschlichen Potenzials und als Inspiration für Nachahmungstäter. Wenn Leute für ihre Erörterungen dieser Sujets universelle Geltung beanspruchen, stelle ich mir die Milliarden Menschen vor, die bereits da waren, derzeit da sind und, auf Holz geklopft, noch da sein werden: Für alle will jemand das gelingende Leben erfassen oder vorschreiben? Der kennt die ja nicht mal. Und was, wenn der weise Verkünder samt Lehre ungehört dahinscheidet? Dann wissen die armen Gauner gar nicht, worum es in ihrem Leben wirklich geht! Ironie beiseite.

Nein, wir sprechen beim Philosophieren immer nur von uns zu ähnlich verdrahteten anderen Menschen – das gilt, erneut paradoxerweise, vielleicht sogar für genau diese meine Vorstellung, dass gelingendes Leben individuell verschieden ist. Spricht sie dich an? Dann sind wir zu zweit. Ich kenne aber eben auch gegenteilige, aus meiner Sicht mehr schädliche als nützliche Exemplare unserer Spezies, die die Vorstellung leitet, dass auf diesem Feld weitgehende Allgemeingültigkeit zu erlangen ist. Weil dies aber weniger erfreulich ist, möchte ich die Idee, dass jeder nach seiner Fasson glücklich werden soll, denn doch – letzte paradoxe Pointe – universalisieren, obwohl ich keine Gewissheit habe, dass das gut ist. Womit wir wieder beim Thema sind.

Manche Menschen leugnen bereits die Möglichkeit des oben geschilderten Startpunktes, andere kommen mit der Ungewissheit auch so zurecht, andere nicht, benötigen allerdings abweichende Kommunikationsstile oder Ansätze. Was dem einen Menschen größter Schatz, ist dem anderen läppisch, kitschig, peinlich, und will man einigen etwas Bedeutendes geben, muss man den Mut aufbringen, viele zu befremden. Für manche da draußen wird die hier dargelegte Philosophie einen ähnlichen Glanz entfalten wie für mich seit meiner Jugend, und genau ihnen ist diese Schrift zugedacht. Von dem Buch kann man auch dann profitieren, wenn man ihm nicht bis in seine zweifellos vorhandenen Extreme folgt. Es genügt, wenn die Ungewissheit so weit ins eigene Dasein funkt, dass sie als lästig empfunden wird. Vielen Menschen zeigt sie sich allerdings erst in der Rückschau, wenn wider Erwarten (bei Optimisten) Schlimmes eingetreten ist. Ich hoffe, dass mein Buch auch ihnen etwas sagt. Einen Blick riskieren sollten jedenfalls jene, die mit der Ungewissheit des Lebens ebenso hadern wie mit den Behauptungen von Gewissheit, die nicht selten – und am deutlichsten beim Optimismus in seinen verschiedenen Phänotypen – die Form hilfloser Forderungen und Selbstermahnungen annehmen.

Optimismus und Pessimismus, verstanden als Gewissheit, dass etwas gut beziehungsweise schlecht ist oder wird, sind gleichermaßen lächerlich, wenn man die fundamentale, totale Ungewissheit ernstnimmt. Gewissheit kennt hier keine Grade, etwas kann in der auf diesen Zeilen verwendeten Wortbedeutung nicht mehr oder weniger gewiss sein. Gewissheit meint absolute Sicherheit, und wo diese nicht vorliegt, ist per definitionem keine Gewissheit gegeben. Der Beginn meiner Überlegungen ist, dass sie niemals vorliegt. Ungewissheit, das sei also betont, ist Axiom meiner Gedanken. Ich unterfüttere die Behauptung umfassender Ungewissheit nicht mit Beispielen oder bemühe mich um einen Beweis. Um Missverständnissen entgegenzuwirken: Ich votiere nicht gegen die Erfolgseinschätzung und allgemeine Bewertung von Situationen und Optionen mit daraus folgendem Handeln. Sondern gegen den unerschütterlichen Glauben an ihre absolute Richtigkeit und gegen die Notwendigkeit eines solchen Glaubens, gegen seine Nützlichkeit. Ich lege sogar nahe, dass er schadet. Ich beziehe diese Position, obwohl wir uns immer wieder unter erdrückend oder euphorisierend hohen Wahrscheinlichkeiten bewegen, die dicht an einer Gewissheit liegen mögen. Es ist eine freundliche, devote Geste zahlreicher Teile der Welt, sich so zu verhalten, dass wir, Regeln erkennend, brauchbare wissenschaftliche Theorien schmieden können, mit denen wir uns gegen Zumutungen wappnen und aus dem Schlammloch robben, als das unsere Existenz sich bisweilen zeigt. Die persönlichen Belange unseres dahinplätschernden Lebens hingegen sind offensichtlicher und ergreifender auf Ungewissheit gebettet, sind in jede Richtung erschütterbarer selbst bei ferneren Explosionen. Meine Erfahrung jedenfalls drängt mich zu diesem Schluss.

Sich in Ungewissheit einzuüben bedeutet, den offenen Verlauf zu bejahen, sich sogar von ihm beflügeln zu lassen. Im illusionslosen, tatkräftigen, gerne berauschten Versuchen liegt das Ideal, das ich in diesem Buch zeichne. Leiden verhindern, beseitigen, nutzen oder ohne Wunschdenken tragen und sich immer wieder ins leidenschaftliche Leben einklinken, in die große

Schönheit, die das Schreckliche einschließt – das ist das Ziel. Ob du es erreichst, weiß niemand.

Das Buch stört die Totenruhe der Sonntagsphilosophen, die Rückzug, Abkehr, Enthaltsamkeit predigen; die Müdigkeit weise und Schlaf Erlösung nennen. Ein halb narkotisiertes Gemüt mit streng modulierten Amplituden steht in der Geistesgeschichte fast immer im Ruf eines Ideals und kann daher einen Kontrapunkt gut verkraften. Um Ungewissheitskompetenz zu steigern, zieht dieses hoffentlich ermutigende Buch die tragischen, meist leidvollen Seiten des Daseins nahe heran. Das Leben ist zu brutal, als dass ein Schwacher es ganz zu schätzen wüsste. Die hübscheste Lösung, falls man von zu geringer Stärke betroffen ist, liegt nun nicht im Optimismus. Sondern im Kraftzuwachs durch Konfrontation.

Optimisten gehen über die Tragik hinweg, Pessimisten stoßen sie von sich weg, indem sie alles von sich wegstoßen. Dem Optimisten fehlt das Bewusstsein vom Abgrund, dem Pessimisten der ansteckende Schwung. Optimisten sind feige (oder dumm), Pessimisten verzagt. Optimisten droht nach ausreichend vielen, von ihnen provozierten Enttäuschungen Totalresignation in Sinnlosigkeit, Pessimisten brauchen dafür nicht einmal Enttäuschungen. Optimismus kann enorme psychische Betriebskosten verursachen. Pessimismus würgt jeden Betrieb von vorn herein ab. Pessimisten erwecken mein

Mitleid wie die Made im Speck, die nicht einmal test-weise zubeißt, weil sie ihn für Gummi hält. Optimisten rühren mich wie die emsige, bescheuklappte Ameise, kurz bevor jemand sie aus Versehen oder mit voller Absicht plattlatscht, sodass sie, invalide, fassungslos über der Gesamtsituation verzweifelt oder meint, dass doch alles super ist und noch viel besser wird. Umschiffen möchte ich beides.

Wer sich, sein Schicksal oder etwas anderes zu pessi-mistisch einschätzt, wird in der Regel mit optimisti-schen Behauptungen zu seinem eigenen schönen Poten-zial und dem der restlichen Wirklichkeit therapiert: Du denkst, alles geht schief? Quatsch, alles läuft hervorra-gend! Oder wird es sehr bald. Du hast den Eindruck, wertlos zu sein? Nein, du bist unfassbar wertvoll! Keine Reserven mehr? Doch, doch, da ist ganz sicher noch richtig viel zu mobilisieren. Und so weiter, du kennst das. Wer kein Pessimist ist, hat Optimismus nicht nötig. Optimismus ist eine unseriöse Medizin für die ernste Krankheit des Pessimismus. Die höchste Form der Le-bensbejahung besteht in einer Position jenseits von Op-timismus und Pessimismus, wie sie dieses Buch formu-liert. Ich nenne sie dionysisch.

Jede optimistische Behauptung hat drei Mängel: 1. Es gibt immer gute Gründe dagegen. 2. Sie erzeugt eine große Fallhöhe bei Nicht-Zutreffen 3. Sie raubt mental anders gelagerten Zeitgenossen Energie. Für Pessimismus gilt dasselbe. Pessimisten sind (fast) genauso naiv wie Optimisten, weil wir keine Gewissheit haben, beide sie aber annehmen. Jeder Optimismus beschwört seine Theodizee herauf: Wie kann das Gute sicher sein angesichts des vielen Schlechten? Pessimismus invertiert die Theodizee: Wie kann beharrlich das Schlechte als sicher behauptet werden bei all dem vorhandenen und vorstellbaren Guten? Dionysische Weisheit hingegen verlangt weit weniger Glaubenskompetenz als ihre hierin anspruchsvollen, weil kontraintuitiv hochgerüsteten Konkurrenten aus dem optimistischen und pessimistischen Spektrum.

Darüber hinaus lautet ein Argument gegen jede Gewissheit und damit gegen Optimismus und Pessimismus: Sind wir innerlich dick wattiert und eingekuschelt oder freud- und lustlos, entgeht uns die volle Intensität des Lebens. In der geistigen und lebenspraktischen Selbstabschließung betäuben wir unseren Geschmack für den Überschwang einer abenteuerlichen Existenz. Das spricht nicht gegen Sicherheitsvorkehrungen, wohl aber gegen das Anstreben oder die Illusion von Gewissheit in allen Lebensbereichen. Die Ungewissheit ist das Loch in der Kuppel unseres Behagens. Sie befreit den Blick, weitet unseren Gesichtskreis und öffnet das Leben für Spannendes. Doch ab und zu fliegt eine Bombe hinein und reißt uns weg.

Das letzte Argument ist rein ästhetisch: Inwiefern ist ein Mensch groß, wenn er das Leben nur in optimistischen oder pessimistischen Gewissheiten erträgt? Wie erwachsen ist jemand, der geistig im sicheren Schoß verbleibt? Die Größe des Menschen sehen Dionysiker darin, auch beim schlimmsten Leiden nicht in metaphysisches Süßschwafeln oder in ein generelles Aufgeben zu flüchten und stattdessen bewusst an Abgründen zu tanzen – manchmal auch in ihnen. Der Optimist tut es unbewusst, er blickt nicht hinein oder erklärt sie für inexistent. Und der Pessimist tanzt nicht, sondern glaubt sich schon am Boden zerschellt. Die hier eingenommene Haltung unterscheidet sich von selbsternannten Realisten. Sie sind zwar keine pauschalen Optimisten oder Pessimisten, begreifen sich jedoch als situationsadäquate. Einen gänzlichen Verzicht auf feste Zuver- und Schwarzsicht leisten sie nicht. Dionysiker brauchen keine Gewissheitsillusion, um zu entscheiden und zu handeln. Sie rufen: „Versuchen wir's! Ich habe mich bemüht und nach meinem Ermessen führt hier entlang ein Weg und nicht dort. Lasst uns sehen, wo wir landen, sei's auch im Grab. Da endet es früher oder später ohnehin." Optimisten reicht ein „Versuchen wir's" nicht aus, sie müssen sich mit Bildern von gigantischem Erfolg besaufen, um Energie aufzubringen. Geringeres als ein frommes Bekenntnis zum blindblöden Rosarot-Paradies zieht sie emotional herunter. Pessimisten winken bei jedem „Versuchen wir's" von vorn herein ab, sie müssen die Apokalypse als alternativlose Realität sehen, um ihre Lethargie zu verteidigen. Ihnen ist ein „Versuchen wir's!" schon viel zu viel.

Das glatte Gegenteil der dionysischen Philosophie ist Religion, zumindest in ihren gängigen Spielarten. Ihr fundamentaler, totaler Optimismus besteht im Versprechen, dass die größte existierende und denkbare Macht (Gott) von außen das richtige Leben vorschreibt und segensreich leitet, auf Erden etwas geheimnisvolles Gutes mit jedem Menschen vorhat, im Leid beisteht, höchsten Sinn gibt, letzte Wahrheit offenbart, jeden liebt (aber auch mal bestraft) und nach dem Tod meistens ewiges, unbeschreibliches Glück beschert, wenn man ihr und keiner anderen Macht kritiklos gehorcht und sich unterwirft. Ein paar Opfer sind auch immer gerne gesehen. Oft zielen Religionen auf eine Entwertung des Weltlichen ab, auf eine Entwöhnung von vitalen diesseitigen Regungen, um mit einem beliebigen Jenseits als dem Eigentlichen zu verschmelzen.

Andere Lebensberatungsangebote sind ähnlich: Entweder legen sie die Macht ebenfalls ins Außerhalb, nennen sie jedoch anders und fächern sie auf. Oder sie verorten sie in jedem einzelnen Menschen. Mischformen kommen vor. Dass sie dabei zumeist auf postmortale Perspektiven verzichten, schmälert die Unbrauchbarkeit ihrer Postulate nur wenig.

Die meisten gelebten und fast alle angestrebten Weisheitslehren, ob explizit ausformuliert oder implizit vertreten und nur manchmal spontan verbalisiert, sind im Kern optimistisch. Sie machen das Ungeheure geheuer, das Unheimliche heimelig, das Ungewisse positiv gewiss. Sie pinseln einen Grund über den Abgrund. Der Dionysismus, den ich auf diesen Seiten propagiere, lehnt das alles ab. Er mutet dem Menschen die Schrecken des Lebens ungeschützt zu, damit er sich aufrichtet und ohne die morschen Krücken des Optimismus zu steigen und zu fallen lernt, aber auch nicht mit dem Klumpfuß des Pessimismus herumhumpelt. Auch wenn das Leben manchmal trägt, geht es doch tragisch dahin. Dionysiker transzendieren trotzdem nicht aus der Welt in eine höhere, hintere, tiefere Wirklichkeit hinaus, sondern in die Welt, die immanente Wirklichkeit hinein. Sie sehen keine gute (oder böse) Kraft am Grunde, sie feiern nach einem ihr Lebensgefühl prädisponierenden Entschluss das Weltliche trotz seiner Abgründe ohne metaphysischen Trost.

Dionysiker werten das Weltliche in seiner vollen Größe auf und nicht ab als Vehikel zu etwas Besserem. Gemessen an den frohen Botschaften und gemütlichen Gewissheiten üblicher Weltanschauungen, an ihrer Verpuppung im Plüsch, ist die dionysische eine herbe Enttäuschung. Auf dem Boden ihrer Frustrationen jedoch entsteht durch die schönfärbereifreie Bejahung der

Tragik aller Dinge eine heroisch heitere Gelassenheit und tiefe Daseinslust.

Nach dem Wegfall anrufbarer metaphysischer Instanzen steigt die Gefahr wuchernder Größenerwartungen an das auf die Erde zurückgesunkene Leben, das jetzt ausgenüchtert, klein und allein übrigbleibt. Dem soll mein Buch entgegenwirken, damit wir die echten Gegebenheiten zu schätzen wissen. So ist das Buch ein Vademecum für Transzendenz-Athletik im Alltag zur Stärkung des psychischen Immunsystems. Es entwirft eine weniger aus makulatorischen Blumen geflochtene denn aus Stahl geschmiedete rationale Spiritualität. Das Wort im letzten Satz nenne ich hiermit jetzt genau einmal, dann ist es raus, und wir vergessen es lieber schnell wieder, um nicht in üblen Ruch zu geraten.

Meine auf Friedrich Nietzsche zurückgehende Philosophie hat ihren inspirativen Ursprung im alten griechischen Gott Dionysos und erfuhr eine lange kulturelle Rezeption, wurde jedoch noch nie als praktische Lebenskunst fruchtbar gemacht. Zum ersten Mal in der Geistesgeschichte verdichtet dieses kompakte Handbuch sie deshalb zu einer anwendungsfreundlichen Lehre, verschiebt dabei Akzente, verändert sie auch, entwickelt sie weiter und fügt ihr lose einige Gedanken hinzu, die sich in der Jahrtausende umfassenden Lebenskunst-Literatur bewährt haben. Es enthält in vielen philosophischen Gärten gerupfte Ideen, die in dieser Konstellation noch nie aufgetreten sind und heute mehr denn je fehlen. Das kurze Buch soll einen Rat geben, der nicht nervt und den man selten hört. Es verknüpft besagte Denktraditionen Nietzsches mit denen Richard Rortys und anderer Philosophen zu einer robusten Perspektive auf unser aller Schicksal, geboren zu sein – mit dem Ziel, eine belastbare Erfahrung auszulösen, die hilft, das Leben zu steigern, auch wenn dieses Leben dauerhaft mehr grinst als lächelt.

Zum Umgang mit diesem Buch

Ein Ratgeber-Buch einmal zu lesen, erzeugt bloß Papiergeraschel. Es ändert nichts. Man muss mit dem Inhalt arbeiten, ihn auf die tägliche Praxis übertragen und gezielt einüben, um Wirkung zu entfalten. Das philosophische Bewusstsein soll aus dem Hintergrund ins Alltagsbewusstsein strahlen. Das gelingt nur durch Regelmäßigkeit. Sofern dieses Buch dir also zusagt: Lies monatlich darin – langsam, mit voller Aufmerksamkeit und innerer Offenheit – und richte deine Handlungen und deinen Geist danach aus. Entdecke auch in den scheinbar trivialen Äußerungen die nützlichen, leicht zu vergessenden Wahrheiten. Die Bedeutung der einzelnen Passagen wird mit den Wechselfällen deines

Lebens schwanken, mal verfängt diese, mal jene stärker. Meditiere zusätzlich täglich mindestens fünf Minuten über aus dem Buch entnommene Lehrsätze. Dazu zählt auch die schnelle, spontane Vergegenwärtigung von Bildern, Szenen und Gesprächen aus deinem Leben, die du durch die Brille des Dionysischen betrachtest. Suche dir außerdem Orte, an denen du allein bist, und sprich die für dich wichtigen Passagen laut aus, führe also Selbstgespräche. Halte dir Vorträge, als würdest du es jemand anderem erzählen, der geduldig zuhört.

Da es mir nicht möglich erscheint, die Ungewissheit in jedem Satz angemessen auszudrücken, ohne dass sich wiederholte Abschwächungen und Einschränkungen negativ im Stil niederschlagen, formuliere ich an zahlreichen Stellen dieses Buches so, als beträfe sie die Ungewissheit nicht. Man denke sie sich eigenständig hinzu. Andernfalls klingt vieles unerhört optimistisch (und pessimistisch), was ja nun die Grundannahme dieses Buches konterkariert.

Nachdem ich jetzt den Grundriss der dionysischen Philosophie mitsamt einem kleinen Lageplan gezeichnet habe, baue ich im Folgenden ihr Gebäude. Das nächste Kapitel zum Sinn bildet das Erdgeschoss. Im Sinn wohnen wir. Dort schildere ich Ideen, um die radikale Ungewissheit dionysisch zu bejahen und sich im Alltag auf vielversprechende Ziele zu konzentrieren. Ausgehend vom Sinn wird im anschließenden, raumgreifenden Kapitel das Leiden interpretiert und hoffentlich hilfreich angegangen. Leiden ist der Dachstuhl im Haus des Lebens, den wir immer wieder betreten. Im letzten Kapitel gehen wir unter das Erdgeschoss in das Fundament: Da Wahrheit eine komplexe Kategorie des Denkens ist, erläutere ich näher, wie sie hier aufgefasst wird.

SINN

Resonanz mit dem Ganzen

Lebenssinn speist sich im Reflexionsrahmen dieses Buches aus zwei Quellen: Resonanz mit dem Ganzen und mit dem Einzelnen. Resonanz liegt vor, wenn du auf etwas bezogen bist und einen Draht zu etwas aufbaust. Bestenfalls wirkst du darauf zurück. Wir beginnen bei der Resonanz mit dem Ganzen.

Der Sinn der Ungewissheit ist das Spiel. Unter ihrem Regime muss man Spieler sein, Versucher. Das Erreichen dieses Ideals ist wiederum ungewiss, folglich gehört es selbst ebenfalls zu Spiel und Versuch.

Erfahre das Universum, dein Leben und dich selbst als Gesamtkunstwerk des spielerischen Werdens: des Schaffens und Vernichtens, Entstehens und Vergehens. Da ist kein Ziel im Sinne eines beabsichtigten Zustands. Der Fluss des Geschehens mündet nicht ins feste Sein. Werden ist alles. Bejahe dieses Meer aus unterspülenden Wellen, das sich in jedem Moment selbst genügt und nichts Höherem, nichts Entfernterem zustrebt. Alles Existierende ist eine Welle im tobenden Meer aus Staub ohne Ufer und Grund. Sprudelnd quellt es immer wieder hervor und rast überschäumend mit kochender Gewalt. Die Wellen erheben sich aus dem Ganzen, steigen auf, rauschen durcheinander, rollen in den Strömen. Ein ständiges Auf und Ab, Vor und Zurück,

Regeln und Chaos, dynamischer Tanz. Hier bäumt sich etwas, dort senkt es sich, klatscht gegen anderes, vermischt sich, zerteilt sich, strebt auseinander und fließt fort, gierig immer weiter in alle Richtungen und Formen. So laufen die Wellen eine Weile und gehen dann unter, kehren ins Ganze zurück, lösen sich auf. Sie begehren, verlangen, wollen immer wieder, immer weiter. Nicht lebensmüde verlöschen, sondern im Aufgeben noch das Aufgeben wollen, stoßen, stürzen, brechen wollen, gleichermaßen das Sein und das Nichts bejahend. Voran- und hinausdrängen, als Teil des Ganzen und allein, gegen alles, mit allem, für alles und nichts. Ein zweckloses Spektakel von wilder Größe. Mehr hat es mit dir und dem übrigen Universum nicht auf sich. Aber eben auch nicht weniger.

Du bist von keinem liebevollen oder bösen Wesen bewusst erschaffen worden und wirst zu nichts anderem aufsteigen. Keine wärmende Macht da draußen, die das Irdische übersteigt, interessiert sich für dich. Du befindest dich auch nicht in einem vernünftigen, guten, auf einen großen Sinn zulaufenden Weltganzen, in das sich alles harmonisch für dich fügt. Der universale Wille, der als ein fluides Kontinuum hinter allem wirkt, bringt die Dinge hervor und nimmt sie wieder in sich zurück, dich und all deine Güter und alles andere auch, unschuldig wie ein Kind, das Sandburgen aufbaut und niederreißt. Nichts steht je still, nichts fest. Du hast keinen Halt und keine Kontrolle, benötigst sie aber auch nicht. Der Wille verwandelt permanent, fügt Stoffe im Inneren und Äußeren zusammen, trennt sie wieder auf und beginnt erneut mit anderen Kombinationen. Du als Form entstammst Partikeln der Welt, die vorher für andere Formen genutzt wurden und nach dir wieder andere bilden werden. Wenn ein Stein pulverisiert, eine Traube vergärt, Holz in Feuer aufgeht, Wasser verdampft oder sich eine Pflanze in der Erde zersetzt, dann sind diese Veränderungen identisch mit den permanenten in deinem Leben bis hin zu deinem Tod. Unendlich lange existiertest du nicht, unendlich lange wirst du nicht existieren. Dein Dasein dazwischen ist ein den Flammen entsprungener, im Wind schnell verglimmender Funken. Kaum geboren, bist du schon beinahe tot, und du stirbst in jedem Moment ein bisschen. Egal, wann es zu Ende geht, dein Leben ist immer kurz. Verglichen mit dem, was schon passiert ist, gerade passiert und noch passieren wird, bist du ein beiläufiges Zwinkern im hintersten Winkel eines unbedeutenden Planeten in einem unermesslichen Universum. Das Feuer in dir: Glut, Hitze, flackerndes Licht. Später erlischt es. Es ist ausgebrannt, hat sich verzehrt. Asche bleibt zurück.

Jedes Ende ist der Beginn von etwas Neuem, jeder Beginn fußt auf einem Ende. Sein und Nichts konstituieren das Werden, sie münden ineinander. Unser Sein führt ins Nichts, von dem aus die Beschaffenheit des

Seins bedeutungslos ist. Es gibt keinen Grund, unser Sein gegenüber dem Nichts zu privilegieren. Beides können wir gelassen hinnehmen: Des letzten Ernstes sind sie aufgrund ihres jeweiligen Antagonisten nicht würdig. Spielerischer Ernst ist der ideale Modus zum In-Angriff-Nehmen. Er gelingt, indem das Nichts gedanklichen Raum im Sein bekommt. In seiner Lust am Sein und am Nichts, in seiner Verausgabung für Wachstum und Niedergang, ist der Wille ewig. Eins geworden mit ihm, in ihn eingegangen, in ihm aufgelöst, in seiner Fülle und Leere, enthebst du dich der Zeit. Alles ist flüchtig, dunkel oft und unbestimmt, widersprüchlich, brutal und sanft, von skandalöser Willkür, gleichgültig gegenüber Gerechtigkeit und Glück aus Menschensicht. So leichtfertig und nebenbei, wie du eine Fliege erschlägst, erledigen andere Kräfte dich. Aus Sicht der Natur ist eine Naturkatastrophe Selbstverwirklichung. Vom Standpunkt der Krankheit ist ihre Verschlimmerung das auch. Reiz und Härte des Lebendigen ist der stetige, zerreißende Wandel im Ungewissen. An der Unbegreiflichkeit des Lebens kann man verzweifeln oder aus seinem Geheimnis, seinem unerschöpflichen Drängen Leidenschaft ziehen. Trotz allem Kontakt bleibt das Leben uns immer ungeheuer, es ist nie ganz verfügbar, und genau das hält unser Interesse aufrecht.

Der Wille belohnt nicht. Er bestraft nicht. Er bevorzugt nicht aus guten Gründen, bewertet nicht. Was es gibt und gegeben hat, das will er so, aber er hat keinen großen Plan, kein Konzept. Er will es absichtslos, Wille ist hier pure Kraft, bloße Energie, ungeplante und regellos gerichtete Bewegung. Er schafft Phänomene, um in verschwenderischer Opulenz im großen Schauspiel nur sich selbst fortzusetzen, Augenblick für Augenblick, und waltet auch in dir. Jeder Pinselstrich der Welt existiert, damit das Bild um diese Nuance reicher ist. Manches ist ethisch nicht zu rechtfertigen, aber ästhetisch zu akzeptieren aus dem schieren Zwang, sich von Gram nicht zermürben zu lassen. Alles existiert um seiner selbst willen und verweist in erster Linie auf sich, selbst noch in seinem Verweis auf anderes. Zunächst ist alles Zweck, erst danach Mittel. In seinem Werden ist sich alles immer selbst genug. Das Fremdzwecklose ist Selbstzweck. Jeder Moment und jedes Phänomen ist der vollendete Sinn des Ganzen, so auch du in all deinen Wandlungen. Du bist auch dieser Wille, bist eine der wild umhergeworfenen Figuren, Formen und Farben des Zufalls, die um ihrer selbst willen ins Leben drängen, eine Weile streben und wieder aus ihm scheiden. Du bist ein Beispiel für das Ganze. Wir ereignen uns, wir geschehen einfach. Und fließen bald vorbei. Du bist die Frucht des Lebens, eine der gleichwertigen Erscheinungen, die da waren, sind und sein werden, ob Mensch oder etwas anderes; bist der Zweck und eine Feier des Schöpferischen und musst das nicht beweisen. Du

musst dafür nichts erreichen. Du musst dich nicht rechtfertigen, nicht optimieren oder weiterentwickeln. Du
hast von außen keinen Auftrag, keine Aufgabe, keine
Pflicht zu Größe und Besonderheit. Du musst aus deinem Leben nichts machen. Du kannst es probieren,
wenn dir danach ist. Aber du darfst auch einfach sein,
darfst einfach das Leben spüren wollen bis in sein Ende
hinein. Mit einem grundsätzlichen Ja zu allem, was ist,
in dir und außerhalb deiner.

Resonanz mit dem Ganzen baust du auf, indem du
im großen Kunstwerk zum dionysischen Spieler wirst,
der selbst Ausdruck des Werdens ist. Wirf dich in dieses
Experiment mit ekstatischer Freude, tauche in das Ozeanische, das in Raum und Zeit über dich hinausreicht,
lasse dich hineinfallen. Du bist dieses Ozeanische und
hast es mit jedem anderen Teil um dich herum gemeinsam. Tief ergriffen und dankbar, dass alles einfach so da
ist, schlicht vorhanden in erstaunlicher, faszinierender,
frei waltender Üppigkeit, bist du mit jedem Klang der
ausschweifenden Symphonie bis in sein Verstummen
hinein verbunden und gleichzeitig auch von allem getrennt. Auf die Gestaltenvielfalt, auf Identisches und
Verschiedenes, kannst du neugierig sein, kannst dich
lustvoll in sie werfen, um sie zu entdecken, zu erfahren
und dich anregen zu lassen. Du spürst dieses Leben in
dir, heiligst das Diesseits aus Sein und Nichts, atmest
die erhabene Nutzlosigkeit des ästhetischen Spiels, zu

dem du gehörst. Genieße, als ein kleines, helles, unwahrscheinliches Licht, das Fest des bejahenden Lachens über dieses Spiel, das bald zu Ende geht. Während du erkennst und fühlst, wie gleichgültig alles ist in der Ewigkeit des Nichts. Verschmilz mit diesem blind schöpferischen und zerstörerischen Ganzen, um daraus Kraft und Lust zu ziehen und das Begehren, Verlangen, Streben, den Willen in dir und überall als Quelle des in sich kreisenden Werdens zu entdecken und diese Leidenschaft zu lieben, unabhängig vom Erreichen des Ersehnten. Kultiviere die Lust, aus dem Hafen auszulaufen und mit neuen Winden Kurs zu nehmen, immer wieder kleine und große Versuche zu starten. Du bist nicht das von dir Begehrte. Du bist das Begehren, der zum Sein und Nichts drängende Wille. Der Dionysiker will. Nicht aus Mangel. Sondern Überschuss.

Sich niemals sicher sein, auf nichts vertrauen, auch nicht auf sich selbst, nichts kontrollieren, nichts im Griff haben, nicht einmal den nächsten Moment, keine Sichtblenden vor dem Ungeheuren hochziehen und trotzdem guten Mutes loslegen mit dem Bauen und Niederreißen von Schlössern, das Geschehene als das Notwendige ästhetisch genießend – das macht den souveränen Spieler. Der Dionysiker zündet, aus Lust am Absurden oder aus Trotz dagegen, inmitten des Dunkels, das jederzeit alles verschlingen kann und irgendwann wird, immer wieder kleine Lichter an. Natürlich pustet er sie ebenso gerne aus. In beiden Fällen überlegt er, welche Lichter es sein sollen. Nichts mehr anzuleuchten oder zu verdunkeln, nichts mehr zu entflammen oder zu löschen, das Licht- und Schattenspiel aufzugeben: Das hebt er sich für später auf, wenn es ans Sterben geht. Er schießt die Bälle, die fliegen sollen oder müssen, nach bestem Wissen und Können und wartet ab, wo sie landen, beharrlich im Bemühen, aber bescheiden in der Erfolgserwartung.

Am ehesten gesellt sich die dionysische Position zu den manchmal so genannten Possibilisten, die an das Potenzial, die Chance fest glauben. Dionysiker setzen auf die Chance, hoffen auf ein Potenzial, glauben aber nicht daran (und glauben auch nicht nicht daran). Ihre Hoffnung meint den Gedanken, dass es eine Chance geben kann (aber nicht muss). Sie fühlen sich nicht imstande, die Chance auszuschließen, sondern halten es lediglich für denkbar, dass keine existiert. Annehmend, dass es höchstens größte Wahrscheinlichkeiten des schlechten Ausgangs einer Situation gibt, aber keine Gewissheit, rechnet man unter erdrückender Fatalität klugerweise nicht mit einem guten Ergebnis, richtet sich aber an seiner verbliebenen Möglichkeit auf und unternimmt Versuche, es herbeizuführen. Hoffnung ist die Antwort auf die aus skeptischer Sicht sich zeigende Offenheit der Zukunft, sie bezieht aus der mutmaßlichen Ungewissheit unseres Lebens ihr Recht. Wäre unser Leben heute und in Zukunft gewiss schlecht, fehlte der Hoffnung die Grundlage. Im umgekehrten Fall bräuchten wir sie nicht, weil wir etwas Besseres hätten. Sie kann im Gegensatz zu einer Erfolgserwartung schwerer enttäuscht werden und muss daher seltener sterben. Doch auch wenn den dionysischen Spieler jede Hoffnung verlässt, bejaht er das Ganze und macht seine Züge, manchmal mit revolutionärem Mut. Denn nicht vorrangig aus einer Chance auf Zielerreichung speist sich seine Ausdauer, sondern aus dem Zelebrieren des Wollens, der Willenskraft an sich. Dionysiker probieren, Chancen zu ergreifen, aber lieben überhaupt diesen Versuch des Ergreifens selbst. Sie treffen durchaus Sicherheitsvorkehrungen, jedoch ohne sich je in Sicherheit zu wähnen. Sie bejahen alles, was geschieht, das Wohlige wie das Grauen, zuletzt an und für sich, weil sie alles bejahen und erhöhen wollen; das ist ihr Entschluss. Ihr Dasein ist ein tragikomisches Theaterstück, das sie leidenschaftlich zu spielen, lachend zu schauen und mit Gestaltungslust zu inszenieren versuchen. Sie mischen sich ins große Kunstwerk, obwohl sie mit keiner Zukunft fest rechnen.

Mit der Totalität des dionysischen Seins verbindest du dich sowohl durch das geistige Einüben dieser Perspektive als auch durch Grenzüberschreitungen, Selbstüberwindungen im Denken und Handeln. Der Rausch des Heiligen wartet besonders dort, wo du dich einer

Sache öffnest, die du normalerweise nicht hereinbittest, weil sie mindestens ambivalent ist, gefährliche, schmutzige, peinliche, unziemliche, vulgäre, obszöne, allgemein abstoßende Seiten hat und deshalb für gewöhnlich ausgeschlossen ist. Suche das Verfemte. Im Tabu wartet die ekstatische Erfahrung der Selbstauflösung. Hinter deinen Grenzen, im Unbekannten, findest du Intensität. Mut zum eigenen Wahnsinn. Setze dich gezielt aufs Spiel, transzendiere dich. Indem du dich entgrenzt und aus dir heraustrittst, öffnest du dich dem ungeheuren Fließen und Strömen der Welt in einem Rausch, den du nie zu bereuen brauchst, selbst wenn du dich hinterher kaum darin wiedererkennst. Ein Triumph der Vitalität im Loslassen der Zügel der Vernunft, weg von wohltemperierten Mittellagen, in denen es sich behaglich und bequem, aber auf Dauer langweilig leben lässt.

Dass du dabei anderen nicht und dir nur in kalkulierten Maßen schaden darfst und somit, anstatt aufs Ganze zu gehen, einen im Vergleich zu deinen unumschränkten Begierden manchmal spießigen Rahmen setzt, gehört zu den Spannungen, die du aushalten musst. Die Kunst, aus dem Bescheidensten das hohe Gefühl zu gewinnen, kompensiert das halbwegs der Bürgerlichkeit verpflichtete Limit deiner Ausschweifungen. Hast du es dennoch übertrieben: Verwende es zum Bau deines Lebens wie alles andere auch.

Resonanz mit dem Einzelnen

Große Chancen, dein individuelles Leben als sinnvoll zu bewerten, hast du, wenn du Resonanz zwischen dir und einzelnen Bestandteilen der übrigen Welt herstellst und deine eigene Geschichte gezielt im Hinblick auf diese Resonanzen erzählst. Je mehr Sinn-Quellen du hast, desto stabiler bist du aufgestellt. Resonanzen mit dem Einzelnen entstehen über drei Kanäle, die du nach deinen Interessen und Werten bespielst und gewichtest. Neben der proaktiven Ausrichtung deines Lebens auf diese drei Kanäle geht es um die reaktive Deutung deines Lebens nach ihnen. Ein Ereignis, das du, wenn auch nur zu kleinen Teilen, mindestens einem der drei Kanäle zuordnest oder als Vorbereitung auf sinnvolle Momente qualifizierst, trägt zum Sinn deines Lebens bei. So liegt die Kunst darin, in möglichst vielen Geschehnissen Sinnpartikel zu entdecken und sie sich bewusst zu machen, was manchmal viel Phantasie und Abstand erfordert. Strebe also, bezogen auf dein Leben (nicht auf jedes einzelne Ereignis), nach einem für dich optimalen Mischverhältnis aus diesen einfachen Zutaten:

1. Freude und Genuss, sinnlich wie geistig
2. Entwicklung und Anwendung deiner Fähigkeiten
3. Dienst an einer Sache, die über dich hinaus auf das Gute und Schöne verweist

Für alle drei Kanäle gilt: Es darf gerne, aber muss nichts Großes sein. Es kann weit verbreitet und allgemein anerkannt sein oder selten und speziell, vielleicht belächelt, sogar verpönt. Raffiniert oder plump. Vorgefunden oder erfunden. Öffentlich oder privat. Hauptsache: etwas Eigenes, zu Eigen Gemachtes, dir Entsprechendes. Nur für das Selbstgewählte lohnt sich das Opfer.

Ob es dir gelingt, Resonanz mit dem Einzelnen vollständig zu verwirklichen, das heißt, das Gewollte zu bekommen und tatsächlich als sinnvoll zu empfinden, kannst du nicht wissen. Deine Begehrlichkeiten solltest du daher spielerisch handhaben, wie im vorherigen Abschnitt zur Resonanz mit dem Ganzen dargestellt.

Ziele zu verfolgen, versucherisch, ohne an ihnen zu haften, und sie idealerweise zu erreichen, das ist Resonanz mit dem Einzelnen. Selbst dieser Strom zu sein und auch die schlimmen Phasen zur Größe des Lebens zu zählen, sich kraftvoll in das unerbittliche Werden der Willensstrebungen insgesamt zu werfen, mit der Ungewissheit im Gemüt den Strom des Wandels und Wechsels bejahend, das ist Resonanz mit dem Ganzen.

LEIDEN

Umgang mit dem Leiden

Entwicklungen sind ebenso ungewiss wie Bewertungen und Handlungen, das ist die Grundannahme dieses Buches. Antworten auf folgende Fragen sind demnach nie absolut sicher: Was passiert gerade, wie geht es weiter, was soll ich tun? Und ist das gut oder schlecht? Brandet, bei aller Ungewissheit, etwas von uns für gut Befundenes heran, halten wir das meistens aus. Viele Menschen sind es nicht, die einen Ratgeber brauchen, um das Glück zu ertragen. Anders verhält es sich beim häufig vorliegenden Gegenteil. Angesichts von Ungewissheit ist es rational, sowohl das Gute als auch das Schlechte für möglich zu halten, und da vor allem aus Letzterem oft Leiden erwächst, handelt dieses Kapitel vom Verknusen der düsteren Erfahrungen unseres fragwürdigen Lebens.

Vorab sei betont: Die dargelegte Lebenskunst zielt im Wesentlichen auf eine bessere Handhabung des Leidens. Tappe nicht in die Falle, daraus einen privaten oder politischen Quietismus abzuleiten und diejenigen externen Leidensursachen, die verändert werden können, nicht mehr verändern zu wollen, weil du sie schönredest, kritisches Denken abblockst und bessere Alternativen für utopisches Gewäsch hältst. Anpassung und Gehorsam gegenüber den empörenden Umständen edler erscheinen zu lassen, als sie es verdienen, ist die große Gefahr jeder Lebenskunst. Wo Lebenskunst jagd- und politikmüde macht und unter dem verlogenen Credo des Friedens, des Positiven oder Konstruktiven eine phlegmatische Buckel-Existenz toleriert oder gar nobilitiert, ist sie ein Herrschaftsinstrument. Dionysische Weisheit weckt Kräfte, die zum Widerstand anstacheln können. Kriegerisch statt kriecherisch. Beuteverzicht ist nicht nötig. Schnappe dir einen Anteil am Glück und tritt allgemein für Gerechtigkeit ein.

Leben ist für die meisten Menschen von viel Leiden geprägt. Manches verschwindet nie ganz, einige Schatten bleiben. Sinn ist dem Leben abgerungen. Es gibt keine Evidenz für die Annahme, dass das Leben sich um ein langes, ununterbrochenes, billiges Wohlsein aller Menschen schert. Eher spricht vieles dagegen. Das Leben ist voller Grausamkeit, und jeder Versuch, sie zu leugnen oder zu parfümieren, zerschellt am Leiden der Betroffenen. Welches Leiden du auch hast: Viele andere tragen es gerade ebenfalls in sich, fühlen sich so elend wie du. Noch viel mehr deiner Artgenossen erging es bereits früher so und wird es noch so ergehen.

Lebenslust wird nur eine Chance haben, wenn wir uns mit dem unausweichlichen Leiden abfinden und lernen, in der Schwebe über dem Abgrund zu feiern, mit einer echten Akzeptanz des Leidens, keiner geheuchelten, die es mit philosophischen Sonntagsreden zukleistert und im Wohlgefallen eines possierlichen Optimismus auflöst. Sich mit dem Leiden als einem wiederkehrenden Phänomen des menschlichen Lebens aussöhnen, es annehmen als festen Bestandteil, der keineswegs anzeigt, dass etwas falsch läuft, dem Leiden Raum, ja eine Heimat bereiten und es zügiger überwinden oder mit ihm leben lernen, durch Prophylaxe wie Therapie, darum ist es mir zu tun.

Ursache des Leidens

Das in den bisherigen Kapiteln Vorgebrachte nehme ich zur Grundlage meines Nachdenkens über das Leiden. Leiden ist nicht dasselbe wie Schmerz. Leiden meint, bei aller Angreifbarkeit dieser Unterscheidung, ein psychisches Unwohlsein, Schmerz ein körperliches. Leiden kann zu Schmerz führen und umgekehrt, muss aber nicht. Es entstammt im dionysischen Kontext einem Begehren, das nicht erfüllt wurde, bei gleichzeitigem Anhaften am Begehrten. Du willst etwas, kriegst es nicht und haftest daran. Dann leidest du. Anhaften liegt dann vor, wenn du dir ein gelungenes Leben nur mit dem Erreichen des von dir Verlangten vorstellen kannst; wenn du das Verfehlen des Gewollten als Entreißen des Lebens und deiner Person empfindest. Anhaften meint:

das Begehrte zu einem Teil von dir zu machen, es nur als dein Eigentum und Ewiges gelten lassen zu können, dein Selbstgefühl und deine Lebensbejahung davon abhängig zu machen, dich also darüber zu definieren, dein Dasein darauf zu gründen, zu glauben, dass nur das Begehrte dich retten kann, dir Heilung, Erlösung verspricht und dir Wert verleiht und du dich ohne das Begehrte nicht bewegen kannst oder darfst. Du haftest an etwas, wenn du dich oder dein Leben damit unverbrüchlich identifizierst. Das Problem liegt in dieser Lesart nicht darin, dass oder was du willst, sondern wie du willst.

Dieses Kapitel zeigt, wie der Dionysiker mit dem Leiden umgeht: Er spielt den zuvor dargestellten Sinn gegen das Leiden aus. Für eine Resonanz mit dem Ganzen löst er Anhaftungen, ohne den Willen zu schwächen. Wenn alles, darunter die eigene Gefühlslage, ungewiss ist, kann Anhaftung verschwinden, so plötzlich oder gemächlich, wie sie entstand, und so geheimnisvoll. Der zweite Weg ist die Förderung der Resonanz mit dem Einzelnen, trotz und sogar mithilfe des Leidens. Eine Heilsgarantie gibt es aber selbstverständlich nicht.

Für das Erreichen des Gewollten, sofern es realistisch erscheint, sind andere, spezialisierte Ratgeber zuständig. Indirekt, so glaube ich, tragen meine Ideen jedoch ebenfalls dazu bei. Nach dem Sieg über die Anhaftung kommt eine heitere Souveränität, mit der sich

Potenziale besser ausschöpfen lassen. Ich halte mich auch zurück (unterlasse es aber nicht ganz), dich abgeschmackt über die Nichtswürdigkeit des von dir Gewollten zu belehren, damit du das Verfehlen besser wegsteckst und auf vermeintlich weisere Ziele umschwenkst.

Optimismus und Pessimismus sind beschreibbar als Reaktion auf Anhaftung in einer spürbar ungewissen Welt. Der Optimist suggeriert sich die Gewissheit, dass das von ihm Angestrebte gut ist und er es erreichen wird. So rationalisiert er seine Anhaftung. Der Pessimist suggeriert sich die Gewissheit, dass das von ihm Angestrebte schlecht ist und/oder er es verfehlen wird. So löst er die Anhaftung auf und seinen Willen gleich mit. Der Optimist verdrängt die Ungewissheit, um überhaupt etwas anleiern zu können. Der Pessimist tut dies, um nichts mehr anleiern zu müssen. Ohne Anhaftung bräuchte man keine der beiden Positionen einzunehmen, mit Anhaftung bieten sie offenbar naheliegende Methoden, aktuelles oder potenzielles Leiden zu lindern. Wer bei einem Pessimisten Optimismus verbreiten will, möchte ihn einfach auf eine andere Strategie zur Bewältigung des Leidens an der Nichterreichung des Begehrten umschulen. Ganz anders der Dionysiker: Er haftet nicht am Begehrten und kann deshalb begehren und gleichzeitig die Ungewissheit sowie das

Verfehlen des Begehrten bejahen. Jetzt schildere ich seine Herangehensweise an das Leiden.

Leiden nutzen

Sehr wahrscheinlich ist es dir nicht möglich, dich permanent vollkommen dionysisch zum Leben zu stellen, das heißt ohne Anhaftungen, in Resonanz mit dem Ganzen. Das bleibt wohl ein Ideal, dem wir uns annähern, ohne es je ganz zu erreichen. Dionysisch zu empfinden ist eine Höhe der Seele, die nicht immer und nicht von jedem erflogen wird. Wer Resonanz mit dem Einzelnen will, und das solltest du, muss deshalb voraussichtlich Leiden ertragen. Du kannst dich vom Leiden zum Sinn befreien, der größer ist als Leiden – also: Du kannst das versuchen, und wenn es nicht klappt: Du kannst versuchen, es zu versuchen. Hier ist der infinite Regress mal auf deiner Seite.

Die grundsätzliche Methode des Dionysikers, mit dem Leiden umzugehen, besteht im schieren Ertragen, indem er es als Preis des menschlichen Wollens rechtfertigt und es als Gelegenheit verwendet, seine Leidensfähigkeit zu trainieren. Der Wille ist ihm zentraler Ausdruck des Lebens. Wille gleich Vitalität. Ihn wegen eines möglichen durch Anhaftung verursachten Leidens reflexartig pauschal zu verneinen, abzutöten, zu verdammen (nicht nur in streng abgewogenen Einzelfällen), gilt dem Dionysiker als schwaches Leben, feige und verzagt. Befreien vom Leiden in meinem Sinne meint nicht, es zu verhindern, indem du deinen Willen zerstörst und dich panzerst gegen jede Enttäuschung und jeden Sinn. Das wäre der Weg, dich zu schützen, was phasenweise klug sein kann, aber zu einer grundlegenden Philosophie der Lebensbejahung nicht taugt. Dein Begehren stillzulegen und dich von vorn herein um den Sinn zu bringen, weil du das bei Nicht-Erfüllung und Anhaften eintretende Leiden vermeiden willst, ist ein vorauseilender Tod: eine Glorifizierung des Absterbens zu Lebzeiten. Überlassen wir das den Pessimisten.

Der Entschluss steht: Lieber mehr wollen, als weniger leiden. Daran orientiert sich der Dionysiker, lässt jedoch bei anstehenden Entscheidungen Ausnahmen zu, sofern sie Ausnahmen bleiben. Beurteilt er vorhandenes oder vergangenes Leiden, also definitives, unausweichliches, bleibt er aber eindeutig: Für den Willen nimmt er das Leiden in Kauf, da Anhaftung offenbar nun einmal vorlag oder -liegt. Er entwickelt den Mut zum Leiden, schreckt nicht zurück. Ein geducktes Leben, lauwarm und aufgeräumt in das Überschaubare, Behagliche gefügt, ist sein Gusto nicht; im allzu vorsichtigen Schleichgang auf engstem Kreis verkümmert sein Gemüt. Sein Reich soll die Welt sein mit allem, was sie enthält, kein

Punkt unendlicher Dichte, auf dem er sich vor Verletzungen sicher fühlt. Der Dionysiker geht also über die bloße Toleranz des Leidens hinaus. Er begrüßt es, ohne es zu beschönigen oder gar kultisch zu verehren, da er das Leben in allen Facetten bejaht. Nicht weil es an sich bejahenswert wäre. Sondern weil er sich die Bejahung selbst auferlegt. Er tut das nach dem Ausschlussprinzip: Weil das Gegenteil, die Verneinung mit ihren sofortigen suizidalen Konsequenzen, die charakterlichen und moralischen Möglichkeiten fast aller Menschen übersteigt, bleibt das Ja zum Leben übrig. Wenn man schon bejahen muss, dann gleich richtig, mit Emphase und groß.

Das Leiden gemahnt an den Wert von Stärke, Härte und Mut. Sie schaffen Souveränität. Schwach, weich und feige sein zu wollen, ist ein krankes Ideal. Der Dionysiker will das Schicksal des eigenen Existierens überwältigen, indem er seinen Willen zur Bejahung am zunächst abstoßenden Leben prüft und steigert. Für das Wachstum seines Willens braucht er Widerstände, seine Stärke soll sich aus der Superkompensation der Lasten entwickeln. Das Einfache ist zu billig erkauft. Das Fehlen eines hindernisreichen Weges banalisiert das Erreichen des Ziels.

Ähnliches gilt für die Resonanz mit dem Einzelnen. Auch ihre einfache Verwirklichung kann sich auf Dauer als teuer erweisen, weil leichte Beute langweilig wird. In diesem Szenario erhöhen vorherige, oft leidvoll empfundene Widerstände den Wert des Gewollten. Ein höherer Wert des Gewollten hebt außerdem bereits den dazugehörigen Willen auf ein neues Sinn-Niveau. Man profitiert also auch dann, wenn man das Angestrebte nicht erhascht.

Das Leben fordert dich permanent heraus, prüft deine Freiheit. Ein freier Mensch ist Krieger und Abenteurer, der mit den Kräften des Lebens gerne ringt. Er rechtfertigt das Leben mit allen Schrecken, er will sie. Das meiste im Leben entscheidet der Kampf. Je häufiger du Widerstand erfährst und je mehr Gewicht du dabei stemmen musst, desto genussreicher ist die Überwindung, und bestehe diese auch nur im lebendigen Ertragen des Schweren. Nutze jeden Gegner für eine Steigerung deiner Freiheit, deiner Macht über dich selbst. Das Ja zum Leben umfasst das Ja zum Kampf, sofern er auftritt. Da zum Kampf notwendig ein Gegner gehört, erstreckt sich das Ja auf ihn. Der Kontrahent wird auch in einem zerstörerischen Angriff auf ihn an sich akzeptiert. Er steht im Weg, aber nicht in Frage. Ziehe Stärke daraus, Stürmen und Schlägen zu trotzen, dich tief ins Leiden zu lehnen und daran zu wachsen. Richte deine Augen auf das Schreckliche und halte den Blick. An Hindernissen zeichnet man sich aus. Widerstand ist Orden-Chance. Begrüße und umarme andrängendes Leiden als eine sportliche Herausforderung, eine Aufgabe. Das tust du, indem du ihm erlaubst, dich zu biegen, um dich nicht brechen zu können. Es kann dich auch zerstören. Aber eben nicht brechen. Gehe dem Leiden entgegen. Heiße es willkommen: „Trau dich! Ich bin gespannt, ob und wie ich aus dem Schlamassel wieder herauskomme." Darin liegt bereits der Grundstein für seine Bewältigung. Du magst auf einem Boot der schweren See zürnen, über sie in Trauer geraten oder, etwas arg komisch, dich selbst entwerten, doch das dauert nicht lange. Schon bald nimmst du die See an. So gehe auch mit allen Angriffen auf deine Heiterkeit um. Sie sind zum menschlichen Leben notwendig gehörende Naturphänomene, einer wie der andere. Unvermeidbare Wellen, die gegen deine Bordwand klatschen, übers Deck fegen und auch mal etwas mitreißen. Eigentlich aber bist du gar nicht das Boot – eigentlich bist du, wie du weißt, selbst eine von diesen (Staub-)Wellen, die gegen andere prallen.

Die drei Kanäle der Resonanz mit dem Einzelnen lassen sich, das zeigen diese ersten Überlegungen, auch auf das Leiden und die Verfehlung des Begehrten selbst anwenden: Sinn aus Leiden ziehen, das Leiden als Sinnstifter einordnen, als etwas, das manchmal, nur manchmal tatsächlich sinnvoll ist, wenn wir es wollen. Dieser Sinn kann, wie gesagt, allgemein darin bestehen, das Leiden selbst als Aufgabe zu interpretieren, an der unsere Fähigkeiten wachsen, indem wir es mit Größe ertragen und schließlich überwinden. Die Überwindung wiederum kann zur Quelle geistigen Genusses werden und das Nachdenken darüber anregen, wofür das Leiden über uns selbst hinaus gut sein kann.

Im tiefsten Missmut erscheint der Versuch zynisch, im Leiden einen Sinn zu sehen, insbesondere wenn dieser Vorschlag von fremden Menschen kommt, und am schlimmsten ist es, wenn diese besonders gute Laune haben und vom Glück gestreichelt sind. Was wissen die schon. Wer sich jedoch selbst darauf verpflichtet, seinen Kummer, da er ja nun einmal da ist, daraufhin zu prüfen, ob ein Sinn möglich ist, hat gute Chancen, früher oder später auf etwas Interessantes zu stoßen. Frage dich beim Eintreten des Leidens: Was ist das denn für ein Gefühl? Was sagt es mir? Was mache ich damit, was mache ich daraus? Lass jedes Leiden nach Möglichkeit erst einmal in Ruhe anreisen. Beobachte es wie etwas Fremdes, separiere es, und beobachte auch dich als Beobachter. Das Leben darf manchmal nichts anderes als eine Gelegenheit zu lachender Beobachtung und Erkenntnis sein. Schon das kühle Interpretieren hilft heilen. Das Leiden biographisch, kulturell, gesellschaftsstrukturell, politisch, historisch und futurisch zu kontextualisieren, erweitert den Blick ins Panorama und fördert erleichterndes Verständnis. Wenn das Leiden dein Wissen erweitert, so ist das ein Nutzen. Du verstehst mehr als vorher. Es lehrt dich etwas über dich, die Welt und die Menschen. Manches Leiden kann dich orientieren, es kann dir Richtungen zeigen, die du einschlagen oder meiden solltest. Du lernst etwas, um dich besser durch deine Umgebung zu manövrieren und Hindernisse aus dem Weg zu räumen. Du kannst es zum Anlass nehmen, anderen Betroffenen beizustehen. Leiden lenkt deine Aufmerksamkeit auf mögliches inneres Wachstum und notwendige äußere Veränderung und kann dich, sofern du nicht verhärtest, barmherziger machen. Längst nicht jedem Leiden schließt sich eine Entwicklung an. Ohne Leiden aber gibt es nur selten eine nennenswerte Steigerung eines Menschen und der ganzen Gattung. Die Frage, welche höhere Stufe dein Leiden vorbereitet, kann sich also lohnen.

Leiden kompensieren

Das Leiden beansprucht rücksichtslos alle Aufmerksamkeit und verbrennt unsere Energie. Es duldet keine Gegenstände neben sich, weil es uns als Parasit unserer Psyche vollständig fressen will. Unser Entwischen müssen wir forcieren, indem wir uns entschlossen den uns angemessenen Sinnquellen zuwenden, anfänglich am besten solchen, die in einiger Entfernung zu den Feldern liegen, auf denen das Leiden uns heimgesucht hat. So ist das Leiden wenigstens teilweise ausgleichbar durch einen Fokus auf Sinn in anderen Bereichen. Wer in breit gefächerten Resonanzen mit dem Einzelnen lebt, erträgt Leiden besser. Die Resonanz mit dem Einzelnen ist brüchig, doch in vielen Situationen immer noch machbar, geschehe dies auch in bescheidenem Maß. Begehren ist nicht auf ein bestimmtes Objekt oder einen Idealzustand beschränkt, du kannst es, wenigstens in begrenztem Umfang, anders ausrichten. Das, was du von einem bestimmten begehrten Objekt willst, kannst du auch von anderen Objekten seiner Klasse erhalten. Generell verringert innerer Reichtum wohltuend die Abhängigkeit von äußeren, noch weniger beeinflussbaren und zumeist kostspieligen, aufwendigen Reizen. Strebe nach unspektakulärem, langanhaltendem Sinn mit einigen fulminanten Ausschlägen. Verachte nicht den kleinen Sinn und die Mini-Abenteuer, die du ganz einfach in deinen Alltag integrieren kannst. Nimm auch das Einfache, Alltägliche und Unperfekte mit tiefstem Genuss. Entdecke im Schlichten und Kleinen das Große.

Darüber hinaus ist das Weglassen von Schädlichem für das Glück generell wichtiger, als zu versuchen, etwas Gutes hinzuzufügen – was natürlich nicht gegen das Schnappen nach Begehrtem spricht und hin und wieder kollidiert mit dem Wunsch nach Rausch. Reduziere die Anzahl der täglichen Entscheidungen, indem du dich an Routinen bindest. Das erhält deine

Willenskraft. Etabliere außerdem Rituale, sie geben deinem Leben Vertrautheit und laden zur Besinnung ein, um die Resonanz mit dem Einzelnen zu fördern. Rituale sind unpraktisch und umständlich, sie bremsen dich aus und verschwenden deine Zeit. So gewähren sie jene Momente festlicher Erhabenheit, die du brauchst, um dich aus dem Sumpf des Frustes, der Langeweile, der Sorgen und Nöte zu ziehen. Droht das Leben anschließend in Ritualen zu erstarren, überschreitest du sie, reißt sie nieder und verfolgst neue Spuren.

Leiden angreifen

Nun setze ich, wie sie mir zufallen, einige rhapsodische Impulse zur Perspektivierung des Leidens und nenne weitere Methoden, um Anhaftung erst zu lockern, dann zu lösen und so das Leiden allmählich hinter sich zu lassen. Sie sollen stichwortartig Pfade aufzeigen, die bei Gefallen zum Probelauf einladen.

Verstehe dich als Kern, den eine Hülle aus Begehrtem umgibt. Der Kern ist die Einwilligung ins Dionysische. Er ist das Dionysische. Wenn sich der Kern mit seiner Hülle verwechselt, ist die Basis für Leiden geschaffen. Restloses, sofortiges Anhaften vollzieht sich, wenn das Selbst keine Alternative findet, um sich zu konstituieren. Je mehr Begehrtes erbeutet wird, desto stärker verführt es, das eigene Selbst darauf zu gründen. Der Kern zerfließt in die Hülle, das Ego bläht sich ins Grandiose. Das Haften an äußeren und inneren Gütern, die wir allesamt nicht kontrollieren können, ist der Moment, wo Ego entsteht. Das Leiden deines Egos rührt daher, dass es die Dinge nicht dionysisch sieht. Deshalb kann man sagen: Es ist immer dein Ego, das leidet und seltsame, bisweilen toxische und dumme Sachen unternimmt, um das Leiden zu verringern. Wer an etwas haftet, haftet dafür. Kleine Pointe: Das schließt das Anhaften an der begehrten Leidlosigkeit des dionysischen Selbst ein. Ein Selbst und ein Leben können auch mit Leiden gelingen, und wenn du glaubst, immer leidfrei sein zu können und zu müssen, wirst du an deinem Leiden zusätzlich leiden. Nimm das dionysische Empfinden daher als Orientierung: Du richtest dich nach ihm, bist glücklich bei seinem Erreichen, aber grämst dich nicht, wenn du es verfehlst.

Du bist nicht dein Ego, wirst aber damit leben müssen. Es dauerhaft ganz im Dionysischen aufzulösen, scheint mir, wie vorher bereits gesagt, unmöglich, deshalb will ich es dir nicht versprechen. Anhaften kannst du meiner Ansicht nach also nicht völlig verhindern, sondern überwiegend nur vor dem Eintreten des Leidens abmildern und danach langsam kurieren. Es geht um den gezielten Rückbau von einsturzgefährdeten

Ich-Gewölben. Betrachte dein Ego als treuen, manchmal etwas nervigen Begleiter, der Trost, Verständnis und Mitgefühl ebenso braucht wie klare Führung. Du beachtest dein Ego, gewährst ihm Platz, zollst ihm manchmal Tribut, stellst ihm jedoch, ohne es zu verurteilen, das dionysische Bewusstsein als dein Ideal zur Seite, um es zu verändern und punktuell einzuhegen. Unterhalb auch des tiefsten Leidens solltest du einen Raum verteidigen, in den du deinen dionysischen Kern platzierst. Bleibe mit diesem Ort in dir in Kontakt, welche Anfechtungen auch immer auf dich niederprasseln. Je öfter du ihn betrittst, desto länger kannst du dich dort aufhalten und desto leichter findest du den Eingang. Lass dich stets von ihm rufen. Alles andere sei dir äußerlich. Nicht unwichtig. Aber äußerlich.

Das dionysische Selbst ist weit weniger von Demontage bedroht als das meiste andere, worauf du dich stellen kannst. Deine Heiterkeit ist robuster ins Leben gesetzt. Wer am Spiel zerbricht, hat es zu ernst genommen. Wem der Spieltrieb zerbricht, nicht ernst genug. Du hast dein Leiden. Aber du bist nicht dein Leiden. Das dionysische Selbst dient als Vorbereitung auf das Leiden, und beim Leiden fällst du darauf zurück, um einen Punkt einzunehmen, von dem aus du neu loslegen kannst.

Deine Bejahung des Daseins soll so viele Polaritäten, so viele Gegensätze wie möglich umfassen. Du sollst dir vorstellen, dass deine Existenz und jede andere exakt so, wie sie war und ist, mit all dem Schönen und all dem Schrecklichen, ewig wiederkehrt, sodass du sie noch unendliche Male durchstehen musst, und mit dieser Aussicht sollst du sie in allen Facetten bejahen und nichts anders haben wollen. Liebe dein Leben notgedrungen. Und wenn du Trübsal bläst: Liebe dein Trübsalblasen.

Dein Geist gewährt dir manchmal eine erlösende Veränderung deiner Haltung zu den Dingen, wenn du die Dinge, was häufig der Fall ist, selbst nicht ändern kannst. Du beschreibst die Dinge, zu denen auch du gehörst, auf eine dir zuträgliche Weise neu. Einstmals hast du ihnen ihren Sinn und ihre Bedeutung gegeben oder du hast die der anderen Menschen übernommen. Du kannst ihnen die Bedeutung wieder entziehen und sie verändern. Du kannst dich jeden Tag nach dem Aufwachen bewusst für das Leben entscheiden, dich für seine Wechselfälle öffnen, für seine Spannungen, seine Bewegung, mit einer Zustimmung zu dem Faktischen, das offenbar notwendig geschieht. Manchmal fühlst du dich am Ende. Am Ende warst du aber schon immer und wirst du immer sein. Und am Anfang zugleich. Ein nächster Schritt ist einen Versuch wert. Gehe ihn, wie klein er auch ausfällt. Ein Großteil deines Anhaftens am Begehrten resultiert aus negativen Glaubenssätzen, die dich, unbewusst als Brille für deine Wahrnehmung verwendet, zu bestimmten Interpretationen verleiten und die natürlich mit den möglicherweise ebenso verrückten Glaubenssätzen des Gegenübers zusammenknallen. Wenn du leidest, dann sprich mit deinem Ego, auch wenn das zunächst peinlich klingt: „Da hat mal wieder etwas auf die Knöpfe gedrückt, die deine kontingenten Glaubenssätze hell aufleuchten lassen und deine Empfindlichkeit aktivieren. Jetzt schickst du mir diese ganzen wilden Gedanken und das Jammern und Klagen."

Da sich das noch ausstehende Gewollte nur in der Zukunft erreichen lässt und das verfehlte Gewollte notwendig in der Vergangenheit liegt (und sei es auch nur eine unmittelbar, bloß Sekundenbruchteile zurückliegende), endet mit der Anhaftung am Gewollten auch die an der Zukunft und der Vergangenheit. So erfährst du, obwohl du dich weiterhin in die Zukunft richtest und aus der Vergangenheit schöpfst, eine neue Qualität der Gegenwart. Nichts ist falsch am Jetzt. Du hältst inne und kontemplierst den Moment, der im Großen immer schon und im Kleinen durch deinen sich im Denken und Handeln ausdrückenden Willen vollendet ist. Du wirst dann nicht mehr das Leben überspringen und nicht mehr um jeden Preis eine Zukunft fordern. Aus Zukunftssucht wird Zukunftsfreude. Aus umfeldblindem Fixieren wird gelassenes Anvisieren. Ebenso wenig schreitest du rückwärts in die Vergangenheit, du wünschst dir keine Zeitmaschine mehr, um dich an einen früheren Punkt zu versetzen und alles anders zu machen.

Wer also die Anhaftung am Gewollten verliert, gewinnt den Moment. Es gilt aber auch umgekehrt: Den Moment zu zentrieren kann Anhaftung beseitigen. Lasse dich nicht von der Zukunft und ihren tollen Versprechungen einsaugen, kehre, so oft es geht (das ist häufiger, als du denkst), in die Gegenwart ein. Wie sehr du, aus guten Gründen, geistig auch in der Zukunft oder Vergangenheit operierst: Diese Gedanken geschehen immer in einem konkreten Moment. Verlerne über dem berechtigten Kümmern ums Frühere und Spätere nicht, immer wieder, und sei es für Sekunden, zu dem jeweiligen Moment zurückzufinden, ihn gelassen zu erfahren. Hole dich vor dem Versinken ins Alte oder Neue zurück, ziehe dich in die aktuelle Situation, indem du das Jetzt mit allen Sinnen, auch deinem inneren Sinn, wahrnimmst und erkennst, dass es jederzeit jenseits von Gut und Böse prozediert. Im nächsten Schritt legst du dein positives Werturteil auf ausgewählte Aspekte des Jetzt: Was ist hier gerade gut? Den Moment kannst du in deiner Betrachtung ausdehnen: Mache dir klar, was derzeit alles gut ist in deinem Leben. Mindestens kann deine Antwort lauten: Ich habe Kontakt mit dem Dionysischen und halte stand.

Gute Gedanken über Vergangenheit und Zukunft sind wichtig. Sei aber vor allem ganz in der Gegenwart, erobere dir den Moment. Je stärker du den aktuellen Moment einblendest, mit seinem ziellosen Strömen, desto weniger haftest du an den Dingen, die du begehrst. Du vergisst sie nicht, verdrängst sie nicht. Sie schimmern im Hintergrund als nicht dem Moment zugehörende Entitäten, die dich orientieren, ohne dich zu dominieren. Aus diesem Abstand schöpfst du neue Kraft, um sie wieder in Angriff zu nehmen. Wenn du dir die Vergangenheit zurück- oder die Zukunft herbeiwünschst, dann tust du das in der Regel auf Basis einseitiger, verkürzter Vorstellungen von Erlösung. Du idealisierst. Vergangenheit und Zukunft können angenehme Gedanken und Gefühle hervorrufen sowie nüchterne Orientierung für deine versuchsweise eingeschlagenen Richtungen bieten. Orte zum Leben sind sie hingegen nicht. Verlegst du das Eigentliche deines Lebens in sie, entwertest du das Jetzt, den Punkt, an dem du eine echte Chance auf eine Erfahrung des Lebens hast. Ersetze Widerstand gegen das Jetzt durch Hingabe. Nicht nur in deiner Phantasie, sondern auch in der Welt außerhalb kannst du es spüren. Du fühlst dich nicht nur besser, du handelst auch besser, da nicht mehr aus dem Widerstand, sondern aus einer umfassenden Annahme dessen, was ist. Es ist egal, wie alt du bist, du hast immer nur den gegenwärtigen Augenblick. Der Unterschied in den verschiedenen Lebensphasen ist: Am Anfang blicken wir auf eine kurze imaginierte Vergangenheit und eine lange imaginierte Zukunft, am Ende ist es umgekehrt. Das Letzte, was du von deinem Leben haben wirst, ist wieder nur ein Augenblick. Erinnere dich, wie sehr du dich auf jenen Moment gefreut hast, der jetzt schon wieder vorbei ist und mit jeder Stunde weiter in die Vergangenheit rückt, sich von dir entfernt und einreiht in die Kette, um die sich Stück für Stück der Nebel schlingt. Hatte er gerade noch höchste Aktualität, wurde er jetzt bereits aus der Gegenwart gedrängt und altert schnell. Du bist längst ganz woanders. Momente sind Explosionen, die während ihrer Detonation bereits verhallen. Du kannst nicht für jeden Moment dankbar sein. Aber du kannst es in vielen Momenten. Jetzt ist der wichtigste Moment und heute der wichtigste Tag. Bald erkennst du, dass dein Leben ein einziges großes Jetzt ist. In diesem Jetzt, diesem Augenblick zeigt sich das große Ganze des Universums, räumlich wie zeitlich. Lass den gegenwärtigen Moment in seiner Totalität geistig und in seinen Details sinnlich in dich hinein.

Auch dein unerfülltes und daher, im Falle deines Anhaftens am Begehrten, Leiden verursachendes Begehren zeigt dir, dass du einen Willen hast, dass du eine lebendige Sehnsucht aufbringst. Liebe dein Begehren um seiner selbst willen. Es beweist deine Leidenschaft und führt dich ins Zentrum des Dionysischen. Begehre stets wie ein Spieler: Du willst etwas erreichen, verlangst nach etwas, um dein Streben zu lenken. Dass du es bekommst, ist wichtig, aber zweiter Rang. Am wichtigsten ist dein Wollen, Verlangen, Streben an sich. Die Kraft zu spüren, das Sehnen, ist der Kontakt mit dem Lebendigen. Du bist das Drängen nach innen und außen, bist ganz das Dionysische, die Lust des Werdens. Du bist nicht das Begehrte und du lebst nicht aus ihm heraus. Die Stabilität deiner Resonanz mit dem Ganzen hängt nicht vom Erfüllen deines Verlangens ab. Du genießt das Verlangte, wenn es da ist, aber du weißt jederzeit, dass du den Willen an sich fokussierst, so stark, dass du nicht nur das Aufbauende, sondern ebenso das Niederreißende darin liebst und es auch bei anderen Menschen schätzt. Dein Begehren zielt auf Schaffen und Zerstören, haftet aber nicht am Geschaffenen oder Zerstörten. Sage dir täglich: Ich weiß, dass alles ungewiss ist und alles passieren kann. Hat das Schicksal zugeschlagen, variiere: Ich wusste, dass alles ungewiss war und alles passieren konnte.

Im Spiel des Lebens gibt es viel zu gewinnen und viel zu verlieren. Aber das Spiel des Lebens selbst kannst du weder gewinnen noch verlieren. Du kannst es nur spielen, mit den Karten, die du hast. Du bist souverän, wenn du dich ins Spiel setzt und dennoch nicht vergisst, dass es eines ist. Alle deine äußeren Beziehungen und

Bezüge, so schön und inspirierend sie sein mögen, und alle, die du noch erreichen willst, drohen dich zu vertilgen, indem du dich mit ihnen verwechselst, bis du dir, weil du dich vollkommen mit ihnen gleichsetzt, ein Leben ohne sie nicht mehr vorstellen kannst. Alles, was du willst und hast, hat irgendwann dich, wenn du nicht beständig Phasen des Abstands vom Begehrten einbaust und das reine dionysische Selbst in dir spürst und würdigst. Je mehr du die Gaben des Lebens auskostest und je weniger du an ihnen haftest und dich einfangen lässt, wodurch du ihr Ausbleiben oder Aufhören besser hinnehmen kannst und ihr Ankommen dir nicht zu Kopf steigt, desto glücklicher bist du. Denn wenn du an ihnen klebst, wenn du dich festkrallst, hast du deine Lust nicht, dein Leidenspotenzial aber sehr wohl vergrößert. Je mehr du in allem das Dionysische empfindest und dionysisch darauf antwortest, desto freier und tiefer erlebst du es. Antizipiere einmal, was du in fünf, zehn oder zwanzig Jahren über dein jetziges Leiden denkst und fühlst. Aus dieser Perspektive kannst du es zwar noch nicht final bewerten, aber sie gibt dir eine erste, gute Einschätzung der Bedeutung des Leidens.

Wichtig ist, dein Leiden nicht sofort dauerhaft wegzudrücken, wegzureden, schnell abzustellen, sondern es zunächst wahr- und anzunehmen, es gewähren zu lassen. Andernfalls kommt es später machtvoller zurück.

Es gibt diverse Meditationsbilder, die sich dazu eignen. Stelle dir die anderen als Figuren in einem Schauspiel vor. Sie treten auf, sprechen ihren Text, handeln und treten ab. Das gilt für alle Ereignisse. Du spielst darin genauso eine Rolle wie die anderen. Oder: Es ist alles bloß Teil eines mal komischen, mal tragischen Romans, den du schreibst und gleichzeitig liest. An welche Geschichte, welche Figur aus Literatur, Film, Theater erinnert dich deine Situation? Das als Kunstwerk empfundene Leben verlockt mit dem Vorteil des leichteren Ertragens seiner Grausamkeiten, da sie dramaturgisch gerechtfertigt sind. Im Spiegel der Kunst distanzieren wir uns außerdem von unserem Leiden. Das gilt besonders, wenn du dir deine Geschichte erzählst, als wäre sie vor einiger Zeit jemand anderem passiert. Schildernd fliehst du so in die Objektivierung und imaginierte Rückschau auf dein Jetzt. Du löst dich von dem Stoff, getragen vom ästhetisch abgepufferten Lachen und Weinen des Zuschauers und auktorialen Erzählers sowie von der Neugier auf die Fortsetzung der Geschichte, die eigentlich deine eigene ist. Wie geht es weiter mit unserem Helden – oder zumindest Protagonisten? Und wie mit seiner Welt generell? Wie jede Geschichte wird auch diese durch Konflikte interessant, durch das, was die Figuren wollen, aber nicht bekommen, weil sich ihnen etwas in den Weg stellt. Das schöne Leben ist nicht leicht, sondern interessant. Lebe so, dass du etwas zu denken und zu erzählen bekommst. Es sind weite geistige Räume möglich, die man bewohnen kann. Deine Geschichte wird auch für dich dann besonders spannend, wenn du die Entstehung, Austragung und Auflösung von inneren und äußeren Konflikten schilderst, wie also dein Begehren auf Hindernisse prallt und was dann passiert.

Alternative: Leben als klassisches Spiel, das seinen Witz aus dem Überwinden von Hindernissen gewinnt. Als Figur in einem Spiel jammerst du nicht über die Aufgaben, die Bedingungen oder die Ereignisse wie etwa die Züge deiner Gegner. Du siehst sie als unterhaltsame Herausforderungen und spielst und setzt neu an (und jammerst vielleicht doch, aber mit Humor).

Hier eine Übungsabfolge zur Auflösung von Leiden und zur Wiederentdeckung von Sinn: Nimm dein Leiden an, akzeptiere es, würdige deine Verletzungen und Ängste, gestehe sie ein, sprich sie aus. Sage: „Ja, dieses Leiden ist jetzt gerade noch in mir, und das ist in Ordnung." Kämpfe nicht dagegen an.

Schließe daraufhin die Augen. Atme langsam dreimal tief in jeden Winkel deines Körpers ein und wieder aus.

Stelle dir vor: Du stehst auf einer weiten, grünen Wiese. Du hörst und siehst den Wind in den Gräsern und Baumwipfeln, spürst ihn auf deiner Haut. Die

Sonne scheint. Gesicht und Arme werden warm. Die Wärme dringt auch in deine Brust.

Kreiere eine leidauslösende Situation, visualisiere sie mit anschaulichen Details. Produziere also eine Szene und baue sie vor deinem geistigen Auge auf. Stelle sie vor dich hin und spiele sie ab, mit dir als Figur darin, die du beobachtest. Sei ganz ruhig und schaue den Ablauf fest und ungerührt an. Spiele die Situation mit dir darin in deiner Phantasie durch, jedoch bleibst du externer Beobachter. Atme tief und entspannt. Wenn Emotionen oder Gedanken auftauchen, dann nimmst du sie wahr, siehst sie ebenso ruhig an und lässt sie vor deinem inneren Auge wie eine Wolke vorbeiziehen. Vergegenständliche sie, von dir getrennt, als fremde Objekte. Begrüße sie wie einen weder gebetenen noch ungebetenen Überraschungsgast. Du bist absichtslos, bewertest nichts und willst nichts verändern. Alles darf da sein. Lass alle inneren und äußeren Stimmen von dir abfallen. Dein Leiden entfremdet sich, wird schwach. Es ist dir gleichgültig. Nimm es einfach nur wahr. Du bist neutral. Ihr seid getrennt voneinander. Es ist sein eigenes Ding. Dein Herz schlägt noch. Du atmest. Horche deinem Herzschlag nach, folge deinen Atemzügen. Du bist in deinem inneren Raum der Würde, zu dem nur du Zugang hast. Es fühlt sich gut an, einfach nur da zu sein. Du erlebst die Ursache deines Leidens, wie sie da vor dir abläuft, zunehmend als harmlos, winzig, unbedeutend, uninteressant. Du kannst sie gelassen betrachten als einen banalen Vorgang. Wiederhole ihn ein paar Mal.

Jetzt hebst du deinen Blick und verlässt den Boden unter deinen Füßen, du schwebst über der Wiese und richtest dich in die Ferne aus. Beginne, dein Leidensbild loslassend, einen Flug über die Fläche und den nächsten Berg hinweg ins Offene, vielleicht übers Meer, das Pfeifen des Windes im Ohr. Unendlicher Horizont. Unter dir rauschen die Landschaften vorbei, vor dir baut sich Neues auf. Lächele dabei, ziehe deine Mundwinkel wirklich nach oben.

Du fliegst weiter. Du kannst jeden Platz der Erde bereisen. An besonders schönen Orten kannst du, wenn du magst, verweilen. Umrunde mehrfach die Erde, mit den vielen kleinen und großen Phänomenen und Geschichten, die sich überall unter den Menschen, den Tieren und der übrigen Natur ereignen, voller Gutem, voller Schlechtem, ein stetes Aufkommen und Niedergehen, voller Leid und Lust.

Stelle dir an einzelnen Orten vor, wie Jahrzehnte, Jahrhunderte, Jahrtausende, Jahrmillionen, Jahrmilliarden deine Umgebung überrannt haben und überrennen werden, wie sie sie schleifen, zerbröseln, verdampfen und Neues türmen, um es anschließend niederzuringen. Erdgeschichte, beginnend am Anfang, im Schnelldurchlauf, dein Leben inklusive. Verwandele dich in ein

Wesen mit einem anderen Zeit- und Raumbewusstsein, eines, das stets das ganze Universum überblickt und hundert Milliarden Jahre so wahrnimmt wie der Mensch sein Dasein von gerundet hundert Jahren. Sein Längstes wird dir kurz, sein Bedeutendstes klein, du selbst und alles, was du kennst. Ein mattes, mickriges, einmaliges Blinken auf diesem einen Planeten unter vielen, das man, einmal falsch geblinzelt, verpasst; und sogar das Leben insgesamt ist bloß dünner Rauch, der sich rasend schnell verflüchtigt.

Halte kurz inne und verbildliche dir deinen Zersetzungsprozess und den der Menschen und der Dinge, die dir etwas bedeuten, bevor es weitergeht in eine Welt ohne dich und alle anderen. Diese Zukunft, in der sie alle vermodern, ist nah. Also: Du stirbst. Dein Inneres und Äußeres lösen sich langsam auf. Du wirst leer. Du wirst nichts. Auf deiner Beerdigung versammeln sich deine Hinterbliebenen. Schau sie einzeln an. Sie trauern, einige weinen. Danach essen und trinken sie gemeinsam, die Stimmung ist schon besser, gelöster. Anschließend wirken sie einige Zeit bedrückt, bis irgendwann ihr Leben (fast) normal weitergeht. Viele denken manchmal noch an dich, trauern auch, aber sie machen weiter wie üblich. Ihre Erinnerung an dich wird blasser und von neuen Eindrücken überlagert. Sie vergessen dich zwar nie ganz. Mehr als eine von mehreren guten Erinnerungen und eines von vielen vergangenen Leiden bist du für sie meistens jedoch nicht. Irgendwann sind sie dann selbst an der Reihe, um den Platz für andere zu räumen. Du nimmst das ganz ruhig einfach wahr und spürst, wie dein Ja zum Dionysischen Kraft schenkt. Alles ist gut und richtig, ein normales Geschehen im Kreislauf des Lebens.

Du kannst in allem das Dionysische erkennen, vom Unscheinbarsten bis zum Gewaltigsten, dich in alles hineinversetzen oder mit feinem Gespür auf alles konzentrieren. Du bist etwa ein Berg, der sich nicht weiter daran stört, wenn Kälte, Hitze, Niederschläge, Sturm, Dunkelheit, grelles Licht, Getrampel von Lebewesen oder das Gewicht von anderem Zeug ihn treffen. Auch er wird irgendwann zerbrechen, jedoch nicht unter der kleinen Last, die die Ursache deines aktuellen Leidens ist.

Oder du bist ein Baum. Negative Gefühle kommen und gehen, sie stürzen als Vögel in die Krone deines Bewusstseins, setzen sich, kreischen und fliegen weiter. Stelle sie dir konkret als Flattervieh vor und lache über sie. Wenn ein Vogel kommt, seufze mit einem Schmunzeln: „Ach, da ist ja wieder einer." Gib nicht viel darauf, sie sind lediglich temporäre Gäste und verändern nichts an der Situation, weder verschlimmern noch verbessern sie etwas. Sie sind da und bald wieder weg. Nicht du redest, sondern dein Leiden redet durch dich, du wirst von ihm nur als Medium benutzt.

Blicke jetzt zu den Sternen, tief in das Universum hinein. Entschwinde in den Kosmos, wo das Schwarz dich sanft umschließt, mit der im Hintergrund kleiner werdenden Erde. Nun wendest du deinen Kopf, siehst den winzigen, leisen blau-grün-braunen Ball mit weißen Schleiern. Stelle dir vor, wie er, aus deiner Entfernung eine mickrige Perle, lautlos in kleinste Teile zerspringt. Du bist dabei ganz ruhig, heiter und gelassen. Alles ist Staub, der durcheinanderwirbelt – du, die anderen, Ereignisse, Gefühle, Gedanken, alles weitere –, und war es immer, und die ungezählten Partikel rempeln und stören sich gegenseitig in der großen Wolke, die wir so wichtig nehmen und die doch nur glitzerndes Gestöber ist, das bald auseinandergleitet und wenige Sekunden später, als wäre es nie dagewesen, keine Spur mehr hinterlässt. Irgendwann passiert gar nichts mehr, das Universum ist weg. Es hat sich für immer aufgelöst. Du fühlst das Ende des Ganzen, dich eingeschlossen, ebenso intensiv wie vorher seine schiere Existenz. Jetzt versenkst du dich in das unbeschreibliche Nichts.

Das alles ist das Leben, das alles ist jetzt gerade in dir und du bist ein Teil davon. Öffne deine Augen.

Erkenne die Ursache deines Leidens und sage zu dir: „Ich versuche, ausgesprochen gut damit umzugehen." Du musst nicht direkt reagieren und das meint auch: Wehre dich nicht, bekämpfe das Leiden nicht, lasse es auflaufen. Wenn es widerstandslos durch dich fließen kann, ohne einen Punkt zum Festhaken zu finden, reist es, von dir genervt und gelangweilt, bald beleidigt weiter. Es ist nur ein Pikser.

Kommt das Leiden mit heftigeren Schüben zurück, dann lösche alle damit verknüpften inneren Bilder (also das Gegenteil der obigen Übung) und konzentriere dich voll auf die körperliche Seite des Leidens, auf den Schmerz: Drücken in der Brust, Kloß im Hals, Zittern, Ziehen im Bauch, Schwindel etc. Lokalisiere das Leiden. Bestimme exakt, wo es sitzt. Halte die Aufmerksamkeit darauf und korrigiere dich, wenn du abschweifst. Atme ruhig und tief. Das Leiden löst sich schnell auf.

Danach kannst du dich auf deinen Atem fokussieren, verfolge ihn durch deinen Körper, halte ihn ruhig und tief, nichts anderes, und wenn du abgleitest in das leidige Gedankenkreisen, dann lenke dich, ohne Hast und Wut, wieder zurück auf die ein- und ausströmende Luft.

Ist das Leiden umfassend und tief genug, stockt das gesamte Leben, es kommt zum Erliegen und nicht mehr durch Abwarten auf die Beine. Anhaftung blockiert den Strom, unterbricht das Spiel, das der Dionysiker heiligt. Das Geschehen stoppt, erstarrt und sinkt schwer zu Boden. Es braucht neuen Schub, damit sich die Räder wieder drehen. Du musst es aggressiv aufwirbeln, aufstören aus seiner Agonie. Das Dionysische ist Bewegung, Dynamik und Gier, das Sprengen von Kokons. Tritt heraus und die Mauern ein. Der einfachste Schritt ist körperlich: Sport bis zur Erschöpfung, sich regelmäßig verausgaben, so wie man auch das gesamte Geschehen im Universum als Verausgabungsprozess interpretieren kann.

Danach löst du die Anhaftung und damit den Knoten des Leidens, indem du dich entgrenzt und das Leben entfesselst. Credo: dich überschreiten und das Leiden überschreiben. Zwinge dich zum Abenteuer, wirf dich nach vorne, steigere dich. Beginne etwas Neues, Anderes oder tue zumindest mehr vom Bestehenden. Hau richtig rein, erweitere deinen Kreis. Fordere dich. Platt gesagt: Mach was Verrücktes. Treibe dich ins Unbekannte. Falls es irgendwo da draußen noch etwas zu reißen und zu beißen gibt, ist der leidvolle Zustand ein guter Moment, es zu jagen. Das Ziel des Trachtens muss gar nicht sinnvoll sein. Es hilft zwar, wie in vorherigen Abschnitten dargestellt, zusätzlich, wenn es dir Resonanz mit dem Einzelnen verschafft. Hier geht es jedoch allein um das Wecken der Kraft durch ein entschlossenes Ausschwärmen in Ekstase und Exzess.

Zu guter Letzt: Sprich auch mit Menschen, denen du deine schwachen Seiten zeigen darfst, weil du ihnen hinreichend vertraust und sie dich verstehen. Sie leisten

Beistand und geben Rat. Generell solltest du darum bemüht sein, Gemeinschaften aus Gleichgesinnten zu bilden. Pass aber auf, dass ihr nicht anfangt, euch in eurer stinkenden Pampe zu suhlen.

Das in diesem Abschnitt Gesagte gilt für jedes Leiden, auch für jene weit verbreiteten, die ich gleich näher ausführe. Nachdem ich also den allgemeinen Umgang mit dem Leiden aus dionysischer Sicht dargestellt habe, ergänze ich in den folgenden Abschnitten einige Worte über ein paar spezifische.

Scheitern

Lösungen und Wege zu finden sowie Freundlichkeit walten zu lassen, mag ein Ideal darstellen. Permanente Probleme, Hindernisse und Angriffe als Normalität anzuerkennen und mit ironischem Humor, absurder Neugier, sogar Lust zu begrüßen, ist ein ebenbürtiges Ideal und Voraussetzung für das erste.

Gewöhne dich an den Gedanken, dass du immer wieder scheitern, versagen, Misserfolge produzieren und Menschen enttäuschen wirst. Scheitern liegt auch dann vor, wenn ein Erfolg nicht das hielt, was man sich vorher davon versprach. Kein Grund, dich wegzuwerfen, abzuschreiben, aufzugeben. Kein Grund, dich herabzuwürdigen und dein Leben zu entwerten. Du solltest kein geringes Selbstwertgefühl haben, brauchst aber auch kein großes. Am besten, du verlernst das Konzept des Selbstwertes. Stelle dir dazu einmal vor, ein Stein oder ein Blatt hätten menschenähnliches Bewusstsein und würden sagen: „Ich bin ein nutzloses Stück, ich habe es nicht verdient zu leben, ich bin wertlos!" Oder im Gegenteil kreischen: „Ich bin einzigartig! Ich bin wertvoll!" Du würdest in beiden Fällen lachen. Je weiter du herauszoomst, desto mehr verschwimmen die Unterschiede zwischen Steinen, Blättern und dir. Wir rollen als Welle von Punkt zu Punkt, manches überwinden wir, vom anderen prallen wir ab, es fließt so vor sich hin, im Großen und Ganzen bedeutet es nichts und irgendwann ist alles vorbei.

Jeder Mensch ist bloß durchschnittlich fähig auf den meisten Gebieten und kann die Bedingungen des Erfolges nicht kontrollieren. Du darfst andere Menschen enttäuschen. Sage dir jeden Morgen: Heute werden mich eventuell Menschen enttäuschen und ich sie. Wenn du bist, was du leistest, ist jede Leistungsbewertung eine Menschenbewertung. Lass es nicht so weit kommen. Das lähmt dich und schürt Versagensängste. Dein Wert ist nicht abhängig vom Gelingen deiner äußeren Aufgaben; du bist nicht, was du leistest. Andere sind heftiger gescheitert als du und stehen immer noch aufrecht, machen weiter. Du setzt auf das Leben, das immer voranschreitet und sich jederzeit verschwendet. Im Großen und Ganzen ist jedes Leben, ja alles Werden Verschwendung. Sie ist das gute Zeichen für den Überschuss und Überfluss von Kraft, ist Merkmal der Resonanz mit dem Ganzen. Im Kleinen und Halben finden sich, genau analysiert, fast immer zumindest Restbestände von Resonanz mit dem Einzelnen und Chancen, sie auszuweiten. Du kannst das Leben nicht verfehlen. Alles ist Leben. Du bist, so wie du dastehst, ein Produkt des blinden dionysischen Willens. Du bist einfach einer von unendlich vielen Zufällen, bist Ergebnis einer Laune wie jedes andere Ding auch, ein seltsames, aber ordentliches Gemisch dieses merkwürdigen Spiels, dessen Berührung du stets suchen solltest.

Wir befinden uns in einem Verantwortungswahn. Ständig sollen wir Verantwortung übernehmen: für unsere Gefühle und unser Leben, für unsere Entscheidungen und deren Folgen, für jeden Erfolg und Misserfolg, für die ganze Welt, Vergangenheit, Gegenwart, Zukunft. Verantwortung gilt als Schlüssel zu einer erwachsenen Persönlichkeit und als Basis fürs Gelingen, ihre Ablehnung entsprechend als unreife Haltung eines notorischen Verlierers. Opferrollen sollen daher schleunigst abgelegt werden.

Verantwortung übernimmst du nur, wenn du die Kontrolle hast. Kontrolle bedeutet die Gewissheit über die Macht, etwas zu einem bestimmten Ziel zu treiben.

Da diese Gewissheit – so die Annahme in diesem Buch – nie existiert und du somit gar nichts kontrollieren kannst, brauchst du für nichts die Verantwortung zu übernehmen. Dort, wo im Alltagsleben großspurig, schwer und pathetisch von der Pflicht zur Verantwortung gefaselt wird, ist das Eingehen einer Wette gemeint: Dein Schicksal ist abhängig von Einflüssen, die nicht in deiner Macht stehen, und für das Tragen dieses Risikos heimst du etwas ein, sofern sich das Risiko nicht materialisiert. Einige dieser Wetten sind attraktiv, andere nicht. Einige können wir wählen, andere werden uns mit Gewalt aufgedrängt. So ist das ganze Leben von Grund auf: Du musst deinen Kopf für Dinge hinhalten, die du nicht kontrollierst. Verantworten musst du aber nichts. In meinem Sprachgebrauch ergibt der Satz „Wir haben die Kontrolle verloren" keinen Sinn, weil der damit bezeichnete Zustand gerade anzeigt, dass wir sie nie hatten. Wenn uns die vermeintliche Macht, etwas zu bestimmen, offenbar jederzeit genommen werden kann, dann besaßen wir sie nicht, sondern kultivierten bloß ein Machtgefühl, weil der Verlauf der Ereignisse uns zeitweilig erfreute und schmeichelte. In einem hohen Maß waren wir mit ihnen zufrieden und nur allzu bereit, sie allein auf unser starkes Wirken zurückzuführen. Wir vergaßen, da es lange gut ging, die Übermacht des Zufalls. Wir siegten von des Zufalls blinden Gnaden.

Es gibt keine eigene Leistung. Alles, was du Tolles hast, kannst, bist, alles, was du erlangst, all dein materieller und immaterieller Reichtum, ist pures Glück, reiner Zufall, abhängig von unendlich vielen, fragilen äußeren und inneren, vergangenen, gegenwärtigen und zukünftigen Bedingungen, die du nicht kontrollieren kannst und die du nie frei ausgesucht hast. Ausnahmslos. Für alles, was du nicht hast, kannst, bist und schaffst, trägst du ebenfalls keine Verantwortung. Ausnahmslos. Das gilt übrigens auch für dein Bemühen, dionysische Weisheit zu internalisieren. Leiden, auch anlassloses, ist ebenso menschennormal wie Freisein von Leiden. Sieh das bei anderen Menschen genauso.

Zeit, Ort, soziales Umfeld, finanzielle Möglichkeiten, Umwelt-Reaktionen, geistige und körperliche Gesundheit und Fähigkeit – alles Zufall. Schon Kleinigkeiten können dich in eine völlig andere Richtung werfen, ein Ruck und alles zerfällt. Ein beherzter Schlag auf den Kopf etwa und auf der inneren Bühne wird ein ganz anderes Stück oder gar keines mehr gespielt.

Wo auch immer die Verantwortung liegt: bei dir nicht. Dafür, dass wir sind, wie wir sind, tragen wir ebenso wenig die Verantwortung wie dafür, dass wir überhaupt sind. Ein hinter Taten als urkräftiger Dompteur agierendes und damit für sie und ihre Folgen verantwortliches Ich, das sich jederzeit in jede Richtung lenken kann, das neben der tatsächlich getroffenen

Entscheidung genauso gut jede andere hätte treffen können, ist eine schlecht begründete, wenig plausible, unnötig belastende Behauptung. Wenn man sich gleichermaßen anders hätte entscheiden können, dann gäbe es keinen letztlich überzeugenden Grund für die tatsächliche Entscheidung. Es fehlte in einer konkreten Situation in mir oder außerhalb meiner der Anlass zum faktischen Ausschlag in eine bestimmte Richtung. Etwas gab aber eben den entscheidenden Impuls, woraufhin wir bewerteten und taten, was wir taten. Hier ein allmächtiges Subjekt anzunehmen, das sich über seinen damaligen Willen stellen und jeden anderen Willen hätte aufbringen können, ist eine sehr anspruchsvolle These, für die Belege fehlen und wohl prinzipiell unmöglich sind. Jeder weiß letztlich aus persönlicher Erfahrung, dass Veränderungen im eigenen Denken und Handeln äußerst arbeitsintensive und stets angefochtene Unternehmungen sind. Mit einem kurzen Hinweis ist es da selten getan. Wenn sie ihr Denken, Fühlen und Handeln kontrollieren könnten, dann, so steht zu vermuten, würden viele Menschen häufig anders denken, fühlen und handeln, nämlich gemäß ihren wie auch immer aussehenden kognitiven, emotionalen und behavioralen Idealen, mit denen sie die Fakten ihres Daseins völlig flexibel in einem erträglichen Zeitraum unaufgeregt zur Übereinstimmung brächten. Etwas tun zu wollen, es aber konsequent zu unterlassen und sich dafür zu verachten, wäre ein völlig unbekanntes Phänomen – und kein hartnäckiger Normalzustand. Weitere Beispiele zu finden, auch komplexere, fällt nicht schwer. Entweder wir sind nur noch nicht hinreichend weichgecoacht. Oder man darf angesichts der Empirie der Unkontrolliertheit unseres Ichs von Unkontrollierbarkeit als Conditio humana sprechen – und bei den (wenigen, langwierig erarbeiteten, nie final abgesicherten) Erfolgen, wie gesagt, von der blinden Gnade des Zufalls, der mit der ihm eigenen Notwendigkeit exekutiert. Wir sind Wesen mit Potenzial, ja, aber mit unbekanntem und beschränktem, manchmal sehr stark beschränktem. Zum voreiligen Resignieren besteht zwar kein Anlass, doch den Himmel erstürmen die meisten nicht. Wer die Grenzen in seinem Kopf immer nur für Grenzen in seinem Kopf hält, gibt zu, dass er zu dumm ist, seine Grenzen zu erkennen.

Nicht einmal die schiere Existenz eines Subjektes, das handelt und über dessen Verantwortung man disputieren könnte, ist eine zwingende Annahme. Nicht auszuschließen, dass es bloßes Handeln, aber, gegen unsere Intuition, keinen Handelnden gibt. Der allseits behauptete Verantwortungsträger ist weniger plausibel als das hier propagierte Gegenteil und verursacht viel Leiden. Proklamationen von Kontrolle und Verantwortung sind potenzielle Quellen von Verachtung und Hass.

Zur halbversöhnlichen Klärung: Die beiden konträren Positionen zur Verantwortung sind epistemisch gleichrangig. Da letztlich keine Ereignisse angebbar sind, die sie be- oder widerlegen, halten sie jeder Empirie stand und erfordern eine alternative Route zur Entscheidung. Diese führt über ihre jeweiligen, ebenfalls nicht verifizierbaren oder falsifizierbaren Zusatzannahmen. Hier hat meine Position, also die der Nicht-Verantwortung, einen Vorsprung, da sie weit weniger prinzipiell unbeantwortbare Fragen aufwirft. Mit zunehmender Reflexion dunkelt sich das unmittelbar Einleuchtende unserer „Selbstverantwortung" nämlich ab – in meinen Augen, wohlgemerkt.

Führe demnach ein verantwortungsloses Leben in einer verantwortungslosen Gesellschaft. Nachdem wir die Verantwortung abgelegt haben, finden wir zu einer heiteren, spielerischen Tatkraft, die uns für die großen Probleme wappnet. Denn egal, wer verantwortlich für Miseren und Erfolge ist: Unser Leben müssen wir ohnehin führen. Dieser Fakt reicht aus, um uns im Rahmen unserer Möglichkeiten einzusetzen. Niemand muss das Donnern der Verantwortung in sein Gewissen fahren, niemand sich vom pathetischen Raunen über sie stechen lassen. Du kannst deinem Schicksal Impulse geben, sofern diese Impulse dein Schicksal sind. Oft mit erstaunlicher Wirkung, aber letztlich entzieht sich alles deiner Kontrolle. Langfristig schlägt vermutlich stille

Ausdauer laute, hektische Emsigkeit, ja. Aber von Kontrolle kann keine Rede sein, und ob du überhaupt die Beharrlichkeit aufbringst, suchst du dir nicht beliebig aus. Reduziere Selbstmitleid, Opfergejammer und Lamentieren trotzdem auf ein Minimum. Du hast zwar immer recht damit wie jeder andere auch, aber es hilft dir nur wenig und wird die Beziehung zu deinen Freunden unnötig belasten.

Vergleiche dich gerne mit Erfolgreicheren, beneide sie auch, aber ziehe keine Rückschlüsse daraus auf den Wert deiner Person oder deines Lebens. Sei gegenüber den Hochstehenden nicht nervöser und ehrerbietiger als bei den Niedrigen. Die Gesellschaft verteilt und entzieht Prestige ohnehin nicht nach deinem Maßstab, und niemand ist für sein Schicksal selbst verantwortlich. Wir können zwar Leistungen und Fehl-Leistungen mehr oder weniger einer Person zuordnen, sie jedoch, wie eben ausgeführt, nicht der Selbstverantwortung ihres Erbringers zuschreiben. Belohnen und bestrafen dürfen wir natürlich trotzdem und müssen manchmal auch harte Konsequenzen ziehen. Aber nie mit Überhöhung des Belohnten beziehungsweise Verachtung des Bestraften. Rege dich, wenn nötig, über Dummheit, Inkompetenz und Charakterlosigkeit auf, aber nicht über die Dummen, Inkompetenten und Charakterlosen, also nicht über die Träger dieser Eigenschaften. Sie können in dem Moment nicht anders. Jeder läuft auf seiner eigenen Bahn, nur wenige Teilstrecken haben wir gemeinsam. Jeder muss sich unterschiedlichen inneren und äußeren Herausforderungen stellen und wir starten nicht von denselben Plätzen. Des einen Sieg ist des anderen Ausgangspunkt. Obendrein verstehen wir den anderen oft nicht, können uns ihm nur mit unseren plumpen Eigenmitteln nähern, die unsere Biografie zufällig anhäufte. Vergleiche und Menschenbewertungen, die sich als nicht-kontingent verstehen, sind daher unzulässig.

Wenn Stolz auch verboten ist, da zu pompös, zu wichtigtuerisch und von der Überzeugung getragen, selbstverantwortlich zu sein, so sollst du dich, wenn dir etwas gelungen ist, für den Anteil am Erfolg, den deine Person für sich reklamieren kann, dennoch selber loben, um dir bewusst zu sein, was du vermochtest. Bilde dir nur nichts darauf ein. Je weniger du dein grandioses Ich nach vorne drückst, desto weniger wirst du andere herabsetzen und selbst leiden, wenn dir etwas misslingt – und das kann jederzeit passieren. Vergangene Erfolge sind keine Garantie für zukünftige.

Sei also niemals stolz auf dich. Sei froh und dankbar. Hadere nicht, schäme und verurteile dich nicht. Frühere Taten, Gefühle und Gedanken, deine und die der anderen, waren unausweichlich. Du solltest Fehler bedauern und betrauern. Aber Selbstvorwürfe und Schuldgefühle musst und darfst du nicht entwickeln. Du hast keinen anderen Weg gesehen, weil du ihn nicht sehen konntest. Frage dich nie: „Habe ich mich genügend angestrengt?" Denn die Antwort darauf ist immer: „Ja, hast du." Wäre mehr möglich gewesen, wäre es geschehen. Deine Vergangenheit hätte nie anders sein können, als sie war. Vorwärtsgerichtet: Unternimm Versuche nach bestem Wissen und Können, um zu prüfen, was das Leben bereithält. Rückwärtsgerichtet: Fatalismus; so, wie es war, musste es kommen. Nicht deshalb, weil eine übermächtige Absicht und Vorsehung alles lenkte. Eine solche installieren nur Schwächlinge. Sondern weil sich in der Rückschau das in der jeweiligen historischen Situation Mögliche und Machbare zeigt. Deine damalige Konstitution steuerte auf die damalige Entscheidung zu und die Umwelt erledigte den Rest. Es gab nie Alternativen. Vergiss „Hätte". Du musstest der Mensch sein, der du warst, mit dem Leben, das du hattest. Diese eine bestimmte Existenz. Du bist zu dir verurteilt, zu den Nadelöhren der Verwirklichung, durch die du inmitten der bloß theoretischen Möglichkeiten gehst. Unser in die Zukunft gerichtetes Handeln sucht nach den Möglichkeiten, die der spätere Blick in die Vergangenheit als alleinige Wirklichkeiten zeigt. Neben das Geschehene weitere Möglichkeiten als ontologisch, materiell gleichrangige zu stellen, erscheint versponnen. Mit dieser Haltung lässt es sich aushalten: Unser Leben ist in der Vorschau eine Frage nach dem Potenzial, die in der Rückschau durch die tatsächlichen Ereignisse beantwortet wird. Unsere zukünftigen Möglichkeiten erkennen wir nicht aus der Gegenwart, sondern wenn die betreffende Zukunft Vergangenheit geworden ist. Die Aussage „Ich habe so viele Möglichkeiten." beruht aus dieser Perspektive auf einer regen, Illusionen forcierenden Phantasie, von der behauptet wird, dass sie optionale Realitäten produziert, tatsächlich mögliche Realisierungspfade, die, von einem späteren Zeitpunkt zurückgeschaut, ebenso gut hätten eingeschlagen werden können. Das aber finde ich unplausibel, weil ich nicht weiß, wie man sich ein Ich und eine Umwelt vorstellen kann, die ebenso gut etwas anderes hätten sein und tun können, als sie tatsächlich waren und getan haben. Ferner fehlt mir ein überzeugendes Argument dafür, dass wir vom starken Gefühl einer Möglichkeit auf die Existenz dieser Möglichkeit schließen dürfen. Vielleicht benötigen wir unsere Vorstellungskraft, um große Ziele zu entwickeln und zu erreichen, vielleicht können wir gar nicht anders, als mit einem Ideal und einem Plan zu seiner Realisierung auf das Dasein zu reagieren. Deshalb müssen die Ideale und geplanten Schritte, die sich de facto nicht ereignet haben, aber keine tatsächlich greifbaren Möglichkeiten gewesen sein, die beinahe eingetreten wären. Entscheidend ist: Sie geschahen nicht, und das spricht dagegen, dass sie das wahre, echte Potenzial einer vergangenen Situation darstellten. Das Tatsächliche war das Mögliche. Es war damals nicht irrational, mit anderen Möglichkeiten zu rechnen, und zukünftig ausgeschlossen sind sie nicht. Sei also nicht vorsätzlich ein Narr. Schätze Wahrscheinlichkeit und Ausmaß gefährlicher Ereignisse ein, beides wissenschaftlich ermittelt. Fürchte dich vor dem Richtigen. Besiege die Furcht vor dem Falschen. Stelle auch bei der Lösungsfindung Wahrscheinlichkeits- und Ausmaßüberlegungen an. Mit Wahrscheinlichkeiten korrekt umzugehen unterstützt mündige Entscheidungen. Wahrscheinlichkeiten als theoretische Möglichkeiten lösen sich dann aber in praktische Tatsächlichkeiten auf, die als Notwendigkeiten anzusehen ich empfehle. Das Existierende ist das Notwendige, das der Zufall schafft. Faktizität als zufällige Notwendigkeit. Wahrscheinlichkeiten sind rationale Spekulationen, Szenarien, Rahmenabsteckungen, geboren aus der Not der Unkenntnis über die Zukunft. Für eine fragliche historische Situation jedoch kann gelten: Sie war, wie sie war, und jede angeblich gleichermaßen mögliche Alternative, ob sie unser Handeln betrifft oder das Walten der Umwelt, ist ein schlecht begründetes Postulat.

Du hast also mit ziemlicher Sicherheit (aber nicht Gewissheit) genau eine Möglichkeit, weil du genau ein Leben führen wirst, doch welche das ist, wird erst sichtbar in ihrem Vollzug. Deine Träume sind trotzdem nicht vergeblich. Sie dienen dazu, dich zu entwerfen, dich zu versuchen (wobei du auch sie nicht beliebig steuerst, zumindest gibt es keine Gründe, die mich davon überzeugen). Aber was sich auch immer dabei für ein Leben ergibt: Es war dein einziges und in diesem Sinne notwendiges. Es war die eine dir mögliche Form. Bar jeder höheren Notwendigkeit manifestiert sich wohl unser Leben, und einmal abgespult, ist es unabwendbar, nicht korrigierbar. So exemplifiziert es die niedrigere Notwendigkeit des schlichten, unbestechlichen Vorhandenseins. Das befreit dich von zermürbender Reue.

Wie auch immer jemand auf den Kontakt mit der hier vorgebrachten Idee der Verantwortungslosigkeit reagiert, ob er die Waffen streckt oder angreift: Es ist das, was ihm möglich ist, und nichts anderes steht ihm offen.

Ist es auch die größte Krise und bist du involviert: Gehe gnädig mit dir, deinen Schwächen und Fehlern um, respektiere dich, achte dich und habe Geduld mit dir. Alles, was in dir ist, darf dort sein. Du bist in Ordnung und verdienst Respekt als Mensch – jedenfalls bist du nicht unordentlicher als andere. Um zu werden, wie du sein willst, musst du erst sein wollen, wie du bist. Sage dir: „Wir kümmern uns jetzt mal um dich, zusammen geht es besser." Du bist einer, dem du ein bisschen hilfst, wo er nicht weiterkommt. Philosophische Dissoziation.

Du bist ein Spieler, der sich mit gutem Mut Herausforderungen stellt, sein Bestes gibt und sich wirklich niemals seinen Schneid abkaufen lässt. An diesem Bild orientierst du dich, nicht an dem des immer Erfolgreichen, stets Gewinnenden, ewigen Siegers. Dem zu entsprechen, ist ebenfalls nicht sicher, aber wahrscheinlicher, und diese Orientierung leistet Aufbauarbeit in der Krise. Du darfst immer wieder neu anfangen, lebst auf den Versuch hin, probierst aus, was geht und was nicht. Das Experiment ist es wert. Vielleicht hilft das Ergebnis im Großen unabhängig vom Ausgang. Und die Reise war definitiv interessant. Schlimmer als eine Situation, in der Niederlagen eintreten können, ist eine, in der dies nicht der Fall ist. Die Unmöglichkeit einer Niederlage verleidet uns ein Spiel schneller als die Niederlagen.

Betrachte immer die Gesamtheit deines Lebens, wenn du es resümierst oder Entscheidungen triffst. Beschränke dich nicht auf einzelne Elemente oder Zeiten. Denn was du fokussierst, überschätzt du in seiner Bedeutung, und dein Urteil wie dein Handeln gehen schnell fehl. Entscheide nicht nur, was, sondern auch, wann du etwas tun musst. Das Richtige zur falschen Zeit ist falsch. Konzentriere dich darauf, Probleme zu vermeiden, damit du möglichst wenige lösen musst. Prävention ist einfacher und angenehmer als Therapie. Auf Anerkennung wirst du verzichten müssen, denn die bekommt nur die große Tat zum Beenden der bestehenden Krise und nicht die vorherige kleine Schlauheit zu ihrer rechtzeitigen Abwendung.

Dein Scheitern hat fast immer nur harmlose Folgen, selten ist es richtig schlimm. Die Welt geht davon nicht unter, du gehst davon nicht unter, also was soll's? Ach, und selbst wenn ... Du hast meistens weniger zu verlieren und mehr zu gewinnen, als du in deiner Panik glaubst. Mit dieser Einstellung erhöhst du sogar die Chancen auf Erfolg, weil das Verbissene und Verkniffene wegfällt und du dich gelassen deiner Aufgabe widmen kannst. Du darfst dich auch weiterhin am Leben freuen. Du darfst es genießen. Ein schlechtes Leben nutzt niemandem. Ob du genießt oder nicht: Dein Leben geht weiter und irgendwann zu Ende.

Die Balance aus Kopf und Tat ist wichtig. Finde stets eine aufgabenadäquate Kombination aus Nachdenken und Ausprobieren. Etwas zu probieren schließt die Möglichkeit des Scheiterns ein. Doch ohne etwas zu probieren, wissen wir nicht, was möglich ist, und werden darüber grübeln, wie es gewesen wäre, wenn wir eine Idee verfolgt hätten – selbst dann, wenn wir, wie hier vorgeschlagen, die Vergangenheit als alternativlos betrachten, sind wir dazu verführt. Im Vorfeld von Entscheidungen kannst du abwägen, was du schlimmer finden würdest, ein Scheitern oder die womöglich lebenslange, nagende Frage, was gewesen wäre, wenn du es versucht hättest. Das ist meistens ein gutes Gefühl: Du hast mal was riskiert, bist mutig weiter gegangen als gedacht. Ein wildes Grenzen-Testen. Es gibt Niederlagen, die triumphaler sind als jeder Sieg. Mit der Aussicht auf den Untergang von allem dürfen wir einen kräftigen Schuss Wahn- und Leichtsinn in unsere Biographie geben. An irgendetwas geht jeder zugrunde und egal, wann das ist: Kurz ist das Leben immer. Religiöse Menschen nehmen das Leben mit Blick auf seine metaphysische Bedeutung und Ewigkeit, Todlosigkeit, schrecklich ernst (und entwerten es gleichzeitig). Menschen ohne Religion nehmen es häufig ernst, weil es damit keine höhere Bewandtnis durch Mächte außerhalb ihrer selbst hat und es vergänglich ist, eines Tages stirbt. Der Dionysiker, ebenfalls ohne Religion, nimmt das Leben nicht in diesem Sinne ernst – aus denselben Gründen, die andere Religionslose zum Gegenteil veranlassen. Am Grund des Seins entdeckt er das selbstzweckhafte Spiel eines Kunstwerks.

Wenigstens im Kleinen und für die zeit des Engagements bewirkst du wohl etwas, vielleicht auch als Arbeit, deren Früchte du selbst gar nicht ernten wirst. Manche wertvollen Projekte dauern länger als ein Menschenleben und nehmen auch erst spät Fahrt auf. Der

Samen, den du säst, ist so wichtig wie die Ernte, die zukünftig eingefahren wird. Gib den dir möglichen Impuls in die Welt und gräme dich nicht über eventuell geringe oder sogar negative offensichtliche Ergebnisse.

Du kannst und solltest – in der Gewissheit, mit all deinen Fehlern und Schwächen bereits gelungene Form zu sein – dich immer wieder in Freiheit und vollumfassender Selbstakzeptanz für den Wandel öffnen, um der Beste zu werden, der du sein kannst. Aber du hast am Ergebnis weder eigene Verdienste noch eigene Schuld. Und du bist als Mensch so gut und schlecht wie alle anderen. Frage dich: „Was will ich zukünftig anders machen?" Übe dich in Gelassenheit und lache über dein Scheitern. Alles ist Tragikomödie. Bewahre dir deinen Humor. Analysiere schonungslos die Ursachen deines Misserfolgs und nimm ein kombattantes, hierarchisches, autokratisches Verhältnis zu dir ein: Befiehl dir selbst und diskutiere nicht mit dir. Sei dein eigener Diktator. Es ist verblüffend, was man mit roher Gewalt gegen sich manchmal erreichen kann.

Funktioniert doch nicht? Dann schwenke um ins Gegenteil: Versuche, die Ursachen des Scheiterns zu wandeln, nicht aggressiv zu verändern, sondern bereite dem Wandel den Boden durch ein klares Ja zu dir und deinem Leben. Nachdem du deine Lehre gezogen hast: Hake die Niederlage ab, sie muss aus deinem Kopf heraus, damit du frei nach vorne blicken und frisch weitermachen, ein neues Spiel starten kannst. Ob es aber gelingt, steht nicht in deiner Macht. Gib, was du kannst, und warte auf dein Schicksal.

Um herauszufinden, was du hauptsächlich tun solltest, schaue in deine Vergangenheit und entdecke die wiederkehrenden Dinge, die sich durch dein Leben ziehen und dir geglückt sind. Häufig sind das Tätigkeiten, bei denen du Lust noch dort empfindest, wo andere sich schmerzerfüllt abwenden, und deren auch für dich geltenden Schmerz du willig annimmst. Du musst möglichst Neigung und Eignung zusammenbringen. Wo das nicht geht, vertraue besser deiner Eignung, denn Interesse entwickelt sich im Zuge von Talent leichter als umgekehrt, obwohl mit Fleiß viel ausgeglichen werden kann – fleißig sein muss man jedoch immer, um es zu etwas zu bringen. Frage Freunde und Bekannte aus den unterschiedlichsten Lebensbereichen und Zusammenhängen, wo sie deine Stärken sehen. Frage dich selbst, was du bereuen würdest, nicht getan zu haben, wenn du wüsstest, dass du in einer halben Stunde sterben wirst. Folge Sternen, die vor allem und vielleicht ausschließlich dir leuchten, und sei offen für das, was dir auf dem Weg begegnet. Dort entdeckst du mitunter neue Dinge, die du in deiner Vergangenheit gar nicht gefunden hast. Permanentes Nachjustieren, Korrigieren eines einmal entwickelten Plans ist keine Ausnahme und kein Zeichen für einen Planungsfehler, sondern normal. Passe fortwährend deine Pläne an, wenn sich die Umstände relevant verändern. Definiere deinen engen, auch morgen noch gefragten beruflichen Kompetenzkreis, bleibe darin und entwickele Meisterschaft. Spezialisten schlagen Generalisten. Suche dir, wenn möglich, außerdem attraktive Nischen mit geringem Wettbewerb, um das schädliche Wettrüsten hinauszuzögern. Dein idealer Kompetenzkreis ist die Schnittmenge aus dreien: Was du magst. Was du kannst. Was anständig bezahlt wird.

Ziele grenzen, um Handeln loszutreten, die Wege ein, auf denen ein gelingendes Leben geschaffen werden soll. Kenne deine maximal fünf Lebensziele, schreibe sie auf, verfolge sie und vernachlässige alle anderen. Visualisiere deine Ziele, erstelle innere Bilder von der Zielerreichung und halte sie dir regelmäßig vor Augen. Fokussiere dich dabei auf die (eher von dir abhängigen) Handlungsziele, die notwendig sind, um das Erreichen deiner (eher weniger von dir abhängigen) Ergebnisziele wahrscheinlicher werden zu lassen. Du hast dabei einen eigenen Rhythmus und ein eigenes Maß. Versuche, nach ihnen zu leben und dir keine fremden als die besten und einzig wahren aufschwatzen zu lassen. Nur in deinem Rhythmus und deinem Maß wird dein Leben so fruchtbar, wie es sein kann. Setze dir realistische, aber ambitionierte Ergebnisziele. Denn mehr als diese wirst du selten erreichen. Deine Ergebnisziele sind deine Grenzen. Sollte sich erweisen, dass du deine großen Ergebnisziele nicht erreichst, so helfen sie dir trotzdem, das Maximum aus deinen Umständen herauszuholen, sofern du die Frustration beim Nichterreichen verhinderst. Erreichst du sie zu häufig, sind sie ohnehin zu klein gewählt.

Im Vorfeld einer Herausforderung: Durchschreite die Situation im Geiste. Imaginiere dir den Ablauf so bildstark, detailliert und konkret wie möglich mit allen Sinnen: Du, die anderen, der Raum, deine Bewegungen, die Stimmen, Gerüche, Berührungen etc. Erinnere dich an Erfolge bei vergleichbaren früheren Ereignissen. Baue diese Erfolge in die Geschichte ein, lass sie in der Phantasie gut enden.

Blase die Situation nicht auf, sondern schrumpfe sie in deinem Kopf auf Normalmaß herunter, damit du vor lauter Erfolgsdruck nicht verkrampfst. Es ist etwas Alltägliches, das du schon vielfach gemeistert hast, eine weitere Trainingseinheit. Du atmest tief und ruhig in den Bauch. Auf dich, deine Leistung, kommt letztlich nichts an, du gibst dein Bestes, verzeihst dir jeden Fehler und darfst im Inneren immer gleichgültig gegenüber einem Misserfolg sein. Gehe jedenfalls nicht davon aus, dass du ausgerechnet an dem anberaumten Termin das Maximum deines Könnens ablieferst, denn das wäre ein sehr großer Zufall.

Um dich bei der Vorbereitung nicht ablenken zu lassen, wähle die Stille. Kannst du sie äußerlich nicht herstellen, finde sie im Inneren, indem du dich mental in einen Tunnel verfrachtest, in den nichts eindringt außer der aktuellen Aufgabe. Teile große Aufgaben in viele kleine auf und bearbeite sie Stück für Stück. Etwas zu schaffen, es in die Welt zu stellen, oft als Ersatz für etwas Bestehendes, entspricht dem dionysischen Willen, aus dessen Kraft zur Hervorbringung du deine Aufgaben angehen kannst.

Suche dir innere Helfer, die dich begleiten. Das können beliebige reale oder fiktive, lebende oder tote Figuren sein, die sich stets direkt neben dir aufhalten, um dich dabei zu unterstützen, die Aufgabe zu bewältigen.

Wenn du dann in der Situation der Leistungserbringung bist, stellst du dir vor, dass sie an einem Ort stattfindet, an dem du dich beheimatet und aufgenommen fühlst, zum Beispiel in deinem Wohnzimmer oder während eines entspannten Strand- oder Waldspaziergangs.

Man kann auch daran scheitern, sich zu unangenehmen Tätigkeiten zu überwinden. Unliebsame Aufgaben erledigst du am besten, indem du sie ganz bewusst, sogar etwas feierlich angehst. Sage dir vorher, laut oder leise: „So! Jetzt werde ich mich X widmen und es vollenden!" Tue auch die unangenehmen Dinge mit Liebe und Hingabe, dann fallen sie leichter. Erinnere dich daran, wenn deine Motivation zwischendurch nachlässt.

Nutze, falls das nicht funktioniert, außerdem folgende Methode, um dich dazu zu bringen, deine Ziele zu erreichen.

Definiere deinen Wunsch: Lege fest, was du tun willst.

Male dir das Ergebnis deines Tuns, dein Ziel, in den schönsten Farben aus: Stelle dir konkret vor, wie der Erfolg aussieht, in verführerischen Bildern.

Definiere das größte Hindernis: Du musst bestimmen, was dich davon abhält, deinen Wunsch zu erfüllen, also zu tun, was du vorhast. Auch dieses Hindernis stellst du dir so konkret wie möglich als Bild vor.

Entwickle einen Plan, um das Hindernis zu überwinden: Formuliere ganz einfache Wenn-Dann-Sätze für den Fall, dass das Hindernis auftritt. In dieser Form: Wenn Hindernis X, dann Handlung Y oder Gedanke Z.

Auch die Welt wirkt bisweilen gescheitert, das Elend verleiht ihr dieses Antlitz. Weder bist du schuld am Zustand der Welt noch daran, wenn sie so bleibt. Dein Einfluss ist fast nicht messbar. Wenn es dir gutgeht und anderen schlecht, dann ist das ebenso Zufall wie das

Gegenteil. Tue, was du kannst, um die Lage zu verbessern, aber verliere dich nicht darin, lasse dich nicht vereinnahmen und herunterziehen. Spende Geld, bringe dich, wo es wirklich sinnvoll ist, persönlich ein, unterstütze die richtige Politik und verhalte dich im Alltag korrekt (ohne jeden Schritt mit Moral zu überfrachten), fördere andere, wecke Leben in ihnen. Falls doch einmal ein Einzelner Großes vollbringt, dann war er einer unter Milliarden und zufälliges Kind seiner Zeit: Hätte er es nicht getan, wäre wahrscheinlich ein anderer an seine Stelle gerückt. Die Welt braucht dich nicht und wird dich schnell vergessen. Jeder ist ersetzbar. Immer. Es hängt nicht an dir. Der Einzelne ist fürs Ganze egal. Zum Glück fürs Ganze und die Einzelnen. Andernfalls wäre das Ganze so fragil wie der Einzelne und könnte uns Einzelnen keine Vorteile mehr bieten. Gewähre nur den Horror-Nachrichten einen Platz in deinen Tiefenschichten, auf die du mit einer problemlösenden Handlung oder wenigstens mit langfristig produktiven Gedanken reagieren kannst.

Ich gegen den Rest

Zu fast jedem gegebenen Zeitpunkt der menschlichen Geschichte gibt es eine (er)schlagende Mehrheit, die die Grundüberzeugungen ihrer Bestandskultur zweifellos teilt und darin mehr sieht als kontingente Urteile. Viele betrachten sie sogar als größte menschenmögliche Wahrheiten, sofern sie sie überhaupt bemerken – Grundlegendes und Selbstverständliches entzieht sich gerne unseren Blicken und distanzierenden Begriffen. Jede dominante, praktisch wirksame Überzeugung ist eine Fessel: für diejenigen, die sie, aus welchem Grund auch immer, nicht teilen, im Sinne einer schwer lastenden Kette, einer Sklaverei. Die anderen sind von ihr „ganz gefesselt": in warmen Bann geschlagen, wohlig umfangen, gehalten, getröstet, ein Gefühl von Verbundenheit, Zugehörigkeit, Ordnung, Identität, Sinn. Jede Gesellschaft hat Fesseln, die dort am perfidesten wirken, wo sie genau das leugnet. Die Leugnung selbst kann die größte Fessel sein.

Der gewaltsam Angepasste streitet seine Unterwerfung ab oder glorifiziert sie. Außerdem hasst er alle, die deshalb scheitern, weil sie sich nicht unterwerfen, und feiert die wenigen Unangepassten mit gesellschaftlichem Erfolg als Stellvertreter für sich selbst. Innerhalb der Masse gibt es graduelle Unterschiede der Anpassung; innerhalb der anderen gibt es graduelle Unterschiede der Abweichung. Der Abweichler erregt niemals den Neid der problemlos Angepassten. Wem eine eigene Sonne leuchtet, den sehen Massenmenschen bestenfalls als überflüssig verstrahlt und meistens als störenden Blender und Verblendeten, nicht als Licht. Sich selbst findet die Masse immer gut, weil sie Masse ist. Du musst sie nicht ablehnen, weil sie Masse ist – es bieten sich in der Regel bessere Gründe an. Deine Umwelt ist nützlich, ja notwendig für dich, aber auch gerne genauso widerlich, wie du, wenn du wach bist und klarsiehst, denkst. Die besser Angepassten stehen nicht per se höher oder niedriger als die Freigeister. Sie sind aber anders, mit anderen, manchmal gegensätzlichen Funktionen als der separierte Einzelne. Du wirst je nach Kontext mal die eine, mal die andere Position besetzen. Die Aufgabe der Massenmenschen ist es, das Bestehende zu bewahren, zu verwalten und steindumm gegen das Andere zu verteidigen. Sie sind das Standbein. Ihr Ideal ist das Kamel. Sie sind, und alle sollen es ihnen gleichtun, willenlose Lasttiere, Nutztiere. „Beladet mich, mit was immer es euch beliebt! Ich fühle mich gut, wenn ich es tragen darf, und ehre den am höchsten, der das schwerste Fremdgepäck schleppt." Das ist ihr Wahlspruch. Artig, ungefährlich, effizient. Demgegenüber liegt die Aufgabe der stark Individualisierten im Sehen, Wachhalten, Vorbereiten, Vorwegnehmen, Erinnern des Anderen. Sie sind das Spielbein. Sie haben hoffentlich einmal den Löwen in sich entdeckt, der „Ich will!" brüllt und alles Aufgedrückte abwirft, um sein Eigenes freizulegen. Noch kennen sie es nicht, kämpfen erst darum. Haben sie es gefunden, werden sie zum freien Schöpfer, indem sie losgelöst das ihnen Gemäße hervorbringen, ihre Werte ins Werk setzen, ohne sich im Widerstand zu verbrauchen. Möglich – wenn auch selten und nur, sofern der Weg noch offensteht –, dass sie zu den ursprünglichen Forderungen zurückkehren, dann als freie Entscheidung. Das Ja eines Menschen gilt dann am meisten, wenn er bewiesen hat, dass er zur selben Sache auch Nein sagen kann. Bestenfalls bilden Abweichler das Wasser, in dem zukünftige Massenmenschen wie Fische schwimmen, häufig jedoch gehen sie in ihrem eigenen Tümpel sang- und klanglos unter. Ihre Gefahren sind Wahn, Zusammenbruch und früher Tod, weil sie für ihren entlarvten Nonkonformismus gegenüber der Kultur, in die der Zufall sie setzte, von ihrer Umwelt beschimpft, ignoriert, isoliert, gedemütigt, verachtet, attackiert, pathologisiert, perhorresziert, infantilisiert, pseudobemitleidet, ausgelacht und -gestoßen sowie anderweitig bestraft werden, vielleicht sogar kriminalisiert, inhaftiert, gefoltert und ermordet; weil man gegen sie intrigiert und ihr Fortkommen sabotiert. Denn die zentrale Forderung jeder Gesellschaft lautet: Gehorsam. Unterwerfung. Anpassung. Die Mehrheit wird jemanden, der ihre Überzeugungen nicht teilt und, noch wichtiger, ihnen nicht genügt, ab- und entwerten. Wer umfänglich anders ist, leidet in der Regel unter Selbstverrat und Sinnlosigkeit, wenn er sich äußerlich anpasst, oder unter den direkten und indirekten Angriffen der Masse, wenn er es nicht tut.

Im Idealfall lädt dich deine Umwelt ein, ermuntert und inspiriert dich, richtet dich auf. Im Normalfall knickt sie dich als stärker individualisierten Menschen ein, faltet dich zusammen, packt dich ein und notiert auf dem Paket, dass du es so wolltest oder es verdient hast und es für alle am besten passt. Dich eingeschlossen (buchstäblich).

Die Umwelt will, dass du dich auf die Erfolge fokussierst, von denen sie glaubt, dass sie ihren Fortbestand in ihrer jeweiligen historischen Situation am besten sichern. Und sie will, dass du dich nach ihnen verzehrst, sie unbedingt brauchst, ihnen ständig nachläufst, dein Selbstwertgefühl daraus entwickelst, dich vollständig mit ihnen identifizierst, dich durch sie definierst und dich entsprechend permanent formst. Weil wir spirituell unterversorgt sind, geben wir den Forderungen der Umwelt bereitwillig nach. Oft genug erleben wir dann Enttäuschungen, die uns unvorbereitet treffen und tief erschüttern, weil wir an den begehrten und verfehlten Gütern hafteten. Deine Umwelt liebt nur das in dir, was sie selbst ist, und will dich vereinnahmen. Sie neigt dazu, dich von einem eigenständigen Subjekt zum Objekt ihrer Absichten zu machen. Sie sieht dich gerne im Konsens mit und abhängig von ihr sowie in Selbstaufopferung für sie, und sie stellt dir, falls du dich für ihre Zwecke, die sie auch als die deinen ausgibt, aufreibst und abnutzt, materielle und immaterielle Belohnungen in Aussicht. Die meisten Menschen werden mit einem kleinen Stück vom Kuchen abgespeist und genau ein einziges Mal halbwegs ernsthaft gewürdigt: auf ihrer Beerdigung. Der Einzelne soll verschleißen, damit die Gattung überlebt. Je besser ein Mensch in seine Umwelt passt, desto gelungener findet sie ihn. Konformisten bestimmen den Rang eines Menschen danach, wie gut er die Zwecke erfüllt, die man ihnen selbst als die allein richtigen eingeflößt hat. Was die Masse ihnen in den Tropf füllt, ist ihnen gleich, Hauptsache, sie hängen daran; auch den Rahmen ihrer Individualität lassen sie sich von ihrer Umwelt abstecken. Massen sind Chöre der Mittelmäßigkeit. Konformisten sagen: „Wer an uns leidet, ist unzureichend. Unterwirf dich, dann bist du gut und wirst glücklich." Gut – für sie. Glücklich – weil die Konformisten die Gehorsamsverweigerer unglücklich machen. Die Umwelt strebt danach, dass du zum Adel der Anerkennung durch die Umwelt gehören willst. Ergiebiger, erfüllender und schwieriger ist jedoch der Adel der Anerkennung durch dich selbst. Du musst dich ausdrücklich nicht zwischen den beiden entscheiden, es ist kein starres Entweder-Oder. Dein Schwerpunkt soll aber den eigenen, selbst festgelegten Erfolgen gelten. Die der Umwelt musst du locker angehen, vielleicht mit einer Tarnung, und die unpassenden umfahren. Wirf dich also nicht aus deiner Mannschaft. Du solltest immer in deinem eigenen Team spielen.

Nicht in dem deiner Widersacher. Wenn man das selbstverständliche Normale und das erklärungsbedürftige Abweichende vertauscht, öffnet sich eine neue Welt. Stelle dir also vor, dass das Abweichende das Normale ist und das Normale das Abweichende. Wie verlaufen jetzt die Diskussionen, wer rechtfertigt sich wie?

Im Einzelnen bewerte dein Handeln unabhängig von deiner Umwelt nach deinen Maßstäben – manchmal wirst du mit ihr übereinstimmen, manchmal nicht. In letzter Instanz bist du der Ausschlag gebende Kritiker für dich. Achte den Ruf, den du bei dir hast, zehnmal höher als den Ruf, den du bei anderen hast. Das gilt für Tadel wie für Lob. Analysiere in allen jenseits des Freundschaftlichen und der Liebe liegenden Beziehungen, in denen die Beteiligten etwas voneinander wollen, vorrangig die Macht- und Interessenverhältnisse und richte dein Handeln danach aus. Agiere in Bezug auf die Umwelt-Erwartungen selbstlos, wo es dir nicht schadet, aber erwarte nicht von anderen, dass sie selbstlos sind und dir nicht schaden.

Der Konformismus aus gesellschaftlichem Ehrgeiz – im Gegensatz zu dem aus Überzeugung, Gedankenlosigkeit oder Angst – ist die Ursache für die massenhafte Banalität des Guten und Bösen. Wer nur oder vor allem deshalb Konformist ist, weil er „etwas erreichen" will, passt sich jeder Gesellschaft an und beschwert sich, wenn eine neue Gesellschaft ihn für sein in den Dienst der alten gestelltes Denken und Handeln verurteilt. Eine plötzlich und radikal neue Gesellschaft dreht die ursprüngliche Wertung um. Je mehr man vorher Stütze war, als desto verbrecherischer wird man eingestuft. Das empört ihn. Denn für den Konformisten aus Ehrgeiz ist der Konformismus aus Ehrgeiz die einzige nicht-verhandelbare ethische Position.

Grundsätzlich lautet meine Reihenfolge in absteigender Verwerflichkeit: Konformist aus Überzeugung, Konformist aus Ehrgeiz, Konformist aus Gedankenlosigkeit, Konformist aus Angst. Unabhängig von der Bewertung des Konformismus ist dies übrigens ein aufschlussreiches Klassifikationssystem für dich selbst und die Mitmacher in deiner Umgebung. Allerdings sind die Kategorien nicht disjunkt: Die Motive können streuen mit unterschiedlicher Gewichtung.

Das Ganze ist richtig, das Einzelne falsch. Das Einzelne ist richtig, das Ganze falsch. Beides ist richtig. Beides ist falsch. Beides ist weder richtig noch falsch. Suche es dir danach aus, was dein Leben steigert. Worauf deine Wahl auch fällt, du findest eine überzeugende Beschreibung und musst gegen das Überschwappen anderer Beschreibungen kämpfen. Du wirst immer glaubwürdige Beschreibungen für die Umwelt finden, die sie als falsch darstellen, genauso wie jederzeit welche zur Verfügung stehen, die sie, implizit oder explizit, als richtig plausibilisieren. Letztere sind präsenter und mächtiger. Beide Sorten von Beschreibungen sind selbstverständlich kontingent. Prüfe zunächst, ob du dich mit deiner Umwelt auf Augenhöhe bewegen kannst: Niemand ist besser oder schlechter als der andere, jeder verfolgt seine Linie in friedlicher Koexistenz. Gelingt es dir, deiner Umwelt zu vergeben: wunderbar. Gelingt es dir nicht, dann verabscheue sie so kalt wie möglich und so heiß wie nötig. Erhebe dich über sie, ohne sie es spüren zu lassen. Verherrliche dich selbst. Einer muss es ja tun. Wenn die Umwelt dich erniedrigt, musst du dich erhöhen und sie erniedrigen. Verachte deine Umwelt als Ganzes so sehr, wie sie dich aus deiner Sicht verachtet. Wenn dich deine unvermeidliche Umwelt in einem für dich nicht nachvollziehbaren und nur durch eine dir unmögliche Verhaltensänderung korrigierbaren Maße ablehnt, musst du, um psychisch nicht unterzugehen, Beschreibungen entwickeln, die sie in ein schlechtes Licht rücken. Die legitime Notwehr der Marginalisierten ist milder Elitismus, mit sich selbst an der Spitze. Folglich solltest du deine Maßnahmen, um mit deiner Umwelt zurande zu kommen und dir nicht mehr Ärger einzuhandeln als unbedingt nötig oder von dir gewollt, nicht, wie deine Umwelt es tut, als Schuld- oder Krankheitseingeständnisse werten, sondern, zum extremen Ausgleich des Extrems, als eine Mischung aus Taktik und großzügigem Entgegenkommen deiner Majestät in ihrer jovialen Selbstherrlichkeit. Erarbeite Perspektiven, die deine Umwelt im Kern als falsch und dich im Kern als richtig erscheinen lassen. Konstruiere und verteidige die Perspektiven, in denen du dich sehen willst, erzähle dich aus deiner Sicht mit deinem Vokabular. Beschreibe Dinge und Menschen – andere und dich selbst – dort neu, wo es notwendig ist, um sie anders anzustrahlen oder zu verdunkeln und so etwas anderes möglich und wichtig zu machen. Auf dieser inneren Scholle kannst du dich souverän für die Teile der Kritik öffnen, deren Umsetzung du neugierig versuchen willst. Wenn du jemanden verstehen und Herausforderungen mit ihm bewältigen musst, dann tausche mit ihm die Rollen und verbringe einige Zeit in seiner.

Das Schicksal schießt die Menschen zu einer bestimmten Zeit an einen bestimmten Ort. Es zielt aber nicht, auch nicht bei anderen Bedingungen ihrer Existenz. Du hast in deinem Leben jetzt gerade nur diese eine Umwelt, mit der du umgehen musst, ob du willst oder nicht. Und du hast nur dein Leben, das sich entfalten und verausgaben will. Versuche nicht, Charakter und Temperament anderer Menschen über Direktiven zu verändern. Umgehe Situationen, in denen du es müsstest. Wandel hingegen kannst du wahrscheinlicher machen, wenn du sie einlädst, ermutigst und inspirierst.

Du kannst auf eine Veränderung deines Selbst und der Umwelt hinwirken, so gut es geht und du es möchtest, letztlich wird es aber in Kompromissen enden, die akzeptabler sein sollten als dein Schicksal ohne sie. Es gibt Konflikte, deren Kompromisspotenzial ausgeschöpft ist, harte Konfrontationen, bei denen es heißt: Entweder ich breche zusammen oder mit ihnen. Entweder bin ich mit meiner Umwelt im Reinen. Oder mit mir. An diesem Punkt kann man dir nur raten: Hänge deinen Willen über dir auf als ein Gesetz.

Willst du diesem Konflikt nicht mit Gewalt begegnen, harrt der Schmerz lindernde Humor seiner Entdeckung. Ironie, auch Selbstironie, ist bei maßvollem Gebrauch ein mächtiges Werkzeug, um aus tiefem Leiden aufzutauchen. Lachen über eine Situation kann man kaum zu viel. Schließlich schätzt du die Gemeinschaft trotz allem. Du brauchst sowohl das Alleinsein als auch das Zusammensein mit anderen. Achte auf die dir zuträgliche Gewichtung.

Verneine, was dich verneint, und sei, wenn es nottut, was die anderen hassen. Du darfst wegstoßen, was dich verstößt, darfst zurückschlagen. Aber lass dich davon nicht durchdringen und umfangen. Gib jedem Menschen, dem du begegnest, eine Chance, sich als freundlich zu erweisen, mag er auch noch so sehr wie ein typischer Vertreter der feindlichen Umwelt wirken.

Nimm Anteil an den Interessen der Menschen, die dir etwas bedeuten, auch wenn du ganz andere hast. Glaube nie, dass du dich von jemandem trennen musst, weil sich eure Interessen unterscheiden. Wichtig für eine enge Beziehung sind Verständnis, identische Werte, Vertrauen, Anerkennung, Wertschätzung, Respekt, Beistand, Loyalität, ähnlicher Humor, angemessene Kommunikation, Großmut und ein Gleichgewicht bei der gegenseitigen Wunscherfüllung. Kümmere dich intensiv um drei enge Freundschaften und überdurchschnittlich stark um maximal sieben weitere gute.

Prüfe mindestens einmal im Jahr, wem du Unrecht getan hast und wem du zu Dank verpflichtet bist, und bitte um Entschuldigung beziehungsweise sprich deinen Dank aus. Fange bei Familie und Freunden an und schwenke über zum weiteren Umfeld, etwa Kollegen.

Wenn eine enge persönliche Verbindung zu einem anderen Menschen recht plötzlich endet, weil deinerseits die notwendigen Gefühle nicht mehr vorhanden sind, und du es nicht für alle Beteiligten schonend ausschleichen kannst, dann tausche mit ihm klare, wohlwollende und eure Vergangenheit würdigende Worte des Abschieds, die einen echten inneren Abschluss ohne langen Groll ermöglichen.

Was du auch tust, es gibt drei Gruppen: Ablehner, Neutrale, Unterstützer. Die Größen der Teilmengen variieren in Abhängigkeit von Zeit, Ort, Sache und Geschick. Ist dir die Sache wichtig und hast du dein Geschick bereits maximal entwickelt, pfeife auf die Ablehner, aber prüfe ab und zu ihre Argumente, werbe um die Neutralen und kümmere dich um die Unterstützer. Zusätzlich kannst du Zeit und Ort ändern – jedoch meistens nur in einem eng begrenzten Maß.

Du hältst den Anfechtungen stand, gehst notfalls standhaft unter, und wo du dich unterwirfst, da tust du es souverän, als klare, ungeschönte Entscheidung. Die Folgen des eigenen Abweichens auszuhalten, ist Größe. Um eine Chance zu haben, morgen als Heiliger zu gelten, musst du heute Ketzer sein. Viele sind im Licht. Wenige sind Fackel. Zum endgültigen Abschied von deiner Umwelt sage dir: „Sie kriegen mich kaputt. Aber nicht klein." Auf die Ruppigkeit des Lebens antwortet, wer sich selbst achtet, zunächst nicht friedlich. Sondern indem er zurückkloppt. Oder wenigstens den guten Willen zum Wehrhaften pflegt.

Habe Mut, als Einzelner und Einziger in die Welt zu treten, mit der Lust, dich von anderen zu unterscheiden. Mache einen Unterschied, sei ein Unterschied. Warum Taube sein wollen, wenn du Adler bist? Welche Dinge, welche Lebensmodelle zögen dich an, wenn die Umwelt sie nicht verurteilen würde? Welche Stimme hörst du, sobald die anderen sie nicht niederbrüllen? Dem nachzugehen wird sich innerlich lohnen, äußerlich gefährlich sein – und so wieder bedrohlich fürs Innere (ewige Spannung). Tapferes Durchstehen der Einsamkeit und der Verbannung ist gefordert. Weicht das, was dir und deiner Umwelt wichtig ist, voneinander ab und zeigen sich keine Kompromisse, bleibt dir noch das Schillern des Außenseiters, matt im Verborgenen oder grell vor Publikum. Zuspruch und Bestätigung für meisterhafte Kopien, wie die Mehrheit sie anstrebt, sind schön. Aber der Einzelne und Einzige hat eine besondere Würde. Jede Einzigartigkeit macht die Welt geräumiger. Akzeptiere, schätze dich für deine Eigenarten und entfalte deinen Eigensinn. Seltene und, viel mehr noch, einmalige Pflanzen verdienen Naturschutz, damit sie ungestört wachsen und blühen können. Gleichzeitig musst du dich natürlich nicht in jeder Richtung abgrenzen, um ein sinnvolles Leben zu führen. Doch dort, wo du nicht anders willst, nicht anders kannst, da tue es, und tue es mit heiterem Mut. Betrachte es als dein unverbrüchliches Recht, deinen Reichtum zur Welt zu bringen und die notwendigen Vorkehrungen zu treffen, damit er ausströmt. Man hat dich in die Welt gesetzt, ohne dich zu fragen (wie auch). Jetzt bist du da und machst dich für dich gerade. Spinne deinen Lebensfaden in jeder Umgebung. Ziehe deine Kreise und entscheide selbst, was dich etwas angeht. Es gibt immer mehr sinnvolle Aufgaben und Visionen, als deine bornierte Umwelt honoriert. Der Fortschritt individuellen Gelingens setzt eine offene Mehrheits-masse voraus, die Exzentrik nicht nur duldet, sondern in immer weiter ausgreifenden Ringen integriert und schätzt. Die Allgemeinheit mit befremdender Besonder-heit zu bereichern, ist eine Perspektive, die scheinbar Unversöhnliches zusammenführt. Grundsätzlich gilt je-doch: Teile das Leben in die beiden Bereiche des Öffent-lichen und des Privaten. Sie sind gleich wichtig, aber nicht identisch und müssen nicht aufeinander bezogen sein. Die private Selbsterschaffung, die nur dir dient, muss nicht in die Sphäre der öffentlichen Politik und Kultur ragen und umgekehrt. Eine Idee kann nützlich für das eine sein und wäre schädlich für das andere. Dann wird sie auch nur dort verwendet, wo sie hilft. Zur privaten Selbsterschaffung zum Beispiel könntest du, wie hier bereits mehrfach angeklungen, die Men-schen elitär in eine Rangordnung einfügen, Auswirkun-gen auf deine politischen Überzeugungen und deinen Umgang mit Niedrigen sollte das jedoch nicht haben.

Gegenüber anderen Menschen musst du eine Rolle ein-nehmen. Lege dir für die Öffentlichkeit, um der Höf-lichkeit und dem Selbstschutz Genüge zu tun und deine Karriere voranzutreiben, eine Maske, eine zweite Natur zu. Was immer du für dein authentisches Selbst und deine Meinungen hältst: Beides lässt du in dem Maße im Privaten (und offenbarst sie auch dort nur vorsichtig), wie sie von der harmlosen Normalität abweichen und du die aus dem Kenntlichmachen entstehenden Nachteile nicht ertragen willst. Verbiege dich nicht, aber vertusche das für dein Fortkommen Ungünstige. Wer mit Authentizität milieuübergreifend gute Erfahrungen macht, ist ein durchschnittlicher Mensch. Sei froh, wenn dir das vergönnt ist. Sei auf der Hut, wenn nicht. Dass Authentizität pauschal gut ist und dich weiterbringt, ist die Meinung der mühelos Angepassten oder derjenigen, die dich aus Eigennutz beurteilen wollen. Wer die Masse nicht als brutales Großmaul und tumben Schreihals wahrnimmt, der ist entweder auf der Frequenz schwerhörig, weit genug weg oder gehört dazu. Um andere nicht zu verletzen und deine Freiheit zu sichern, musst du häufig die Wahrheit verbergen oder lügen. In welchen Fällen was legitim oder sogar geboten ist, musst du mit deinem Gewissen vereinbaren, das dir hoffentlich vorgibt, grundsätzlich die Wahrheit zu sagen, ihr aber keinen selbstschädigenden Kadavergehorsam zu leisten.

Wenn du nach reiflicher Überlegung schlecht über die Eigenschaften der anderen denkst, solltest du den Menschen hinter den Eigenschaften trotzdem Wohlwollen, Mitgefühl und Großmut entgegenbringen, egal wie schwer das fällt. Diese Haltung ist Ergebnis der simplen Ansicht, dass wir mit jedem anderen Menschen, bei all unseren Unterschieden, wesentlich mehr gemeinsam haben, als uns trennt. Wirklich, mit jedem. Wir sind alle nur arme, strauchelnde Irre. Mache dir Wohlwollen, Mitgefühl und Großmut deshalb zum taktischen Reflex. Kommt dir einer dumm, denke sofort an die drei Begriffe. Du musst dir nicht alles gefallen lassen, darfst dich auch rächen, wenn es sich einrichten lässt. Aber bewahre Respekt und betrachte den Kampf leicht belustigt als eine von diesen ewigen Reibungen, die zum Leben gehören.

Bestimme, bei all deiner Individualität, deinen Typus, deine Gattung, in deren Tradition du dich einreihst. Es ist leichter, Legitimation von anderen zu empfangen, als sie sich selbst zu geben – wobei du die Selbst-Legitimation anstreben sollst. Deine geistigen Ahnen geben dir Trost und Mut. Wahlverwandtschaft als innere Phalanx. Du kannst dir konkrete Vorbilder suchen und dich fragen: „Was würde die Person tun? Was würde sie sagen, wenn sie mich jetzt sehen könnte?" Du bist nie ganz so einsam und einmalig, wie du befürchtest (oder manchmal hoffst). Wie stark du von der großen Mehrheit auch getrennt sein magst, gehörst du doch zum Ganzen. Du passt vielleicht nicht richtig in deine Umwelt. Aber immer ins Leben. Übrigens, zum Schluss: Aus Sicht der anderen, vor allem der stark Individualisierten, bist du Umwelt.

Vergänglichkeit

Im Allgemeinen fällt es nach kurzem Nachdenken leicht, die Notwendigkeit des Vergehens einzusehen. Schaffen und Vernichten bedingen einander. Ein Wille zu etwas ist immer auch ein Wille von etwas weg. Wer für etwas ist, ist immer auch gegen etwas. Entfällt das Vergehen, hört auch das Entstehen auf. Mit Stillstand als Ergebnis. Tod ist Bedingung der Geburt. Schöpfung setzt Zerstörung voraus. Andernfalls wäre es schnell überfüllt. Entstehen und Vergehen sind nicht nur miteinander verbunden. Sie sind ineinander verschlungen, sind zwei Seiten einer Medaille, die wir je nach Standpunkt sehen können. Entstehen und Vergehen sind Ausdruck einer Urlust am Aufbauen und Zertrümmern, die sich im Untergang genauso bejaht wie im neuen Erscheinen. Mit ihr müssen wir eins werden.

Allerdings blieben wir selbst gerne von den unschönen Seiten dieses Prozesses verschont. Ein vergeblicher Wunsch. Wir gehören dem Dionysischen, sind jederzeit von ihm umfangen und durchdrungen. Beim Schrecklichen, das entsteht, und beim Schönen, das vergeht, hat das Dionysische zugeschlagen. Gutes und Schlechtes, von dir oder anderen definiert, markieren die allgemeinen Pole des Lebens, zwischen denen du pendelst und die Spannung liegt. Schlechtes konturiert das Gute. Beides bildet die Ganzheit des Lebens, die Fülle, aus der wir Interesse beziehen. Ein volles Leben ist ein Schiff, das mal im Hafen liegt und mal die Stürme der See durchfährt. Es setzt sich in alle Ströme. Es fällt bei genauerer Überlegung schwer, sich ein erfülltes Leben ohne das Risiko, dass das Gute vergeht und etwas Schlimmes geschieht, vorzustellen. Eine ununterbrochene Gewissheit des Guten ginge einher mit Langeweile und Verzweiflung. Gefahr muss aber, damit sie als solche gelten kann, von Zeit zu Zeit unvorhergesehen zuschlagen. Wenn das Gute nicht gelegentlich überraschend verginge und das Schlimme nicht einträte, bestünde keine Gefahr. Wir brauchen also das Risiko und für das Risiko brauchen wir das reale Übel. Insofern sind wir, mittelbar das Schreckliche benötigend, auf perfide Weise an die ungeheure Grausamkeit des Lebens angepasst. Wahr ist jedoch auch: Mit den Gefahren und Schicksalsschlägen eines einzigen normalen Lebens könnten mehrere Menschen einen ausreichend intensiven Erdaufenthalt bestreiten.

Aus dem Guten von heute wächst manchmal das Schlechte von morgen, aus dem Schlechten von heute manchmal das Gute von morgen. Gutes wird dir nur geliehen, du musst es zurückgeben, und du bist nicht derjenige, der das Datum bestimmt. Schlechtes kriegst du hinterhergeschmissen. Beides wird dir dauernd zustoßen. Beides ist vergänglich, kann dir jederzeit genommen werden, Gutes schneller als Schlechtes.

Blindes Schicksal. Glück und Pech. Alles zerrinnt dir in den Händen. Die Dinge fallen zusammen und wieder auseinander und dann beginnt alles von vorn. Das erreichte Gute begleitet dich immer nur für eine Weile. Du musst jederzeit bereit sein, alles zu verlieren. Du sollst es nicht forcieren, sollst dich dagegen wehren. Aber sei bereit. Wir wissen zu keinem Zeitpunkt, was als Nächstes passiert. Wir vermuten und liegen gelegentlich richtig. Gewissheit aber haben wir nie. Auf diese Offenheit reagierst du am besten mit Offenheit: Öffne dich dem Ungewissen bis in deinen Tod. Beruhigend ist: Aus der Ferne erscheinen Gutes und Schlechtes größer als aus der Nähe. Das Gute verfolgen und auskosten, auch es verteidigen, aber ohne es innerlich festzuhalten, wenn es verloren ist, sondern loslassen, fortwährend etwas freigeben, das Alte vorbeiziehen und das Neue eintreten lassen, was es auch sei.

Jede Geburt ist ein Todesurteil. Und du stirbst jeden Tag viele Tode, stirbst jeden Moment ein bisschen. Für alles, dich eingeschlossen, gilt, wenn das Zeitfenster groß genug gewählt wird, in chronologischer Reihenfolge: Es ist nicht. Es ist. Es ist nicht.

Was für die kleinen Wünsche gilt, trifft ebenso auf den größten, grundlegendsten zu, auf den Willen, am Leben zu sein und zu bleiben. Haftest du an der Fortdauer deiner Existenz, wirst du leiden, wenn sich ihr Ende ankündigt. Also gilt es, mit diesem Leiden umzugehen und bestenfalls die Anhaftung zu lösen, mag diese Lockerungsübung auch endgültig überfordernd erscheinen. Wann auch immer du stirbst: Der Zeitpunkt ist genauso richtig wie falsch. Die Todesfurcht der Menschen vor Augen, sitzt man leicht dem Irrtum auf, sie wüssten genau, dass ihr Exitus ein Übel ist und nicht das höchste Gut. Womit nicht gesagt ist, dass er tatsächlich etwas Gutes ist. Aber die Möglichkeit besteht.

Welche Bedeutung hat dein Tod für deine Orientierung im Leben, wie beeinflusst die Aussicht auf ihn dein Dasein? Gesetzt, dass er das Ende deines Lebens ist und du nach ihm genauso wenig existierst wie vor deiner Geburt, er also dein irreversibles Nichts, für dich final nichts ist, du nach ihm nichts bist, nicht bist. Wenn das stimmt, dann ist er kein Weg aus dem Leiden, da es nichts mehr gibt, das das Ende des Leidens genießen kann. Der Tod ist dann nicht Er-, sondern Auflösung. Das Ende eines leidvollen, sinnlosen Daseins kannst du nach ihm nicht genießen, das Ende eines sinnvollen nicht betrauern. Überhaupt nimmst du keine Positionen mehr ein. Dein Leid und alles andere, das auf dich angewiesen ist, hören zwar mit deinem Leben auf, allerdings auch du selbst, sodass deinerseits keine Gefühle und Gedanken mehr zu erwarten sind. Nach deinem Tod kannst du dich nicht mehr zu ihm und deinem vorherigen Leben verhalten. Das Nichts nach dem Tod können wir gelassen erwarten, weil wir es nie erleben werden. Für dich allein bedeutet die Zeit nach deinem Tod nichts. Gäbe es außer dir nichts anderes, keine Menschen, Tiere, Pflanzen, Planeten, kein Universum, wäre deine postmortale Inexistenz komplett irrelevant, da dein Tod für dich eben keine Folgen hat und für etwas anderes in diesem Fall auch nicht. Deine Umwelt, die natürlich vorhanden ist, hingegen belangt dein Tod potenziell schon, sodass diese Phase nur dann dein Leben berührt, wenn du über deinen Tod hinaus auf deine Umwelt einwirken möchtest oder dich um sie sorgst. Aber übertreibe es damit nicht: Du schaffst, wenn überhaupt, nur wenig, das geraume Zeit nach dir fortbesteht. Solange du den Staffelstab trägst, läufst du. Das ist deine Wirkung, deine Aufgabe. Hast du ihn übergeben, wetzt der Nächste los. Dass du gelaufen bist, bleibt auch danach eine Wahrheit von Wert. Das Vorbeiziehen eines Moments macht ihn nicht ungeschehen. Probiere, falls es dich reizt, trotzdem, deine Nachwelt mitzuprägen. Jede Hinterlassenschaft berechtigt zur Hoffnung, noch einige Zeit zu überdauern.

Das Datum deines Todes beeinflusst dich vor allem für die Zeit davor, weil sich in ihr Leiden und Sinn akkumulieren. Je länger du lebst, desto mehr von beidem sammelt sich an und desto intensiver fallen deine Emotionen aus; je nach ihrer Gewichtung neigt sich die Waage zu der einen oder anderen Seite. Zusätzliche

Relevanz für deine Stimmung erhält dein Tod durch den Ausblick auf die wahrscheinliche Restspanne. 25 weitere Jahre Leiden werden, obschon furchtbar, leichter zu schultern sein als 50. 50 weitere Jahre Sinn berücken mehr als nur 25. Obwohl der Tod nach seinem Eintreten egal ist, ist er vorher ein Bewertungsfaktor. Für einen Menschen, der schwerpunktmäßig unter seinem Dasein leidet und bald sterben wird, gibt es also diesen Trost: Wenigstens dauert es nicht noch länger. Das wirkt aber bloß schwach. Denn trotzdem bleibt sein gesamtes Leben Leiden.

Unabhängig davon, dass die Zeit nach deinem Tod dich nur im Hinblick auf deine Umwelt betrifft, gibt der Tod nach dem eben Gesagten einen Grund, sich um das eigene Leben zu kümmern. Falls Anlass zur Annahme besteht, dass man bald sterben wird, und es nicht gelingt, bisheriges Kreuchen und Fleuchen als gelungen zu qualifizieren, dann kann dies betrüben, weil die lange Spanne zuvor als nicht ausreichend, vielleicht gar falsch genutzt erscheint und jetzt Kraft und Zeit für Korrekturen fehlen. Das ist vielleicht das letzte Leiden, mit dem wir umgehen müssen: verpfuschtes Leben. Neigt es sich dem Ende zu, brechen in unser Bewusstsein mit einem Schlag die dicken Irrtümer sowie ein Haufen Gewolltes und nie Erreichtes und wohl nicht mehr Erreichbares, von dem wir gar nicht wussten, dass wir (noch) daran haften. Doch die Vergangenheit ist, wie sie ist, bloß die Gegenwart und Zukunft bleiben für die Vollendung des Kunstwerkes, dessen geringer werdende Ressourcen ebenso in Traurigkeit wie in Gelassenheit münden können: Mit beschränkten Mitteln ist eine Großtat nicht zu erwarten, also kann man den Anspruch aufgeben und heiter sein.

In chronischer, aber nicht akuter Todesnähe, auch der selbst aufgesuchten, brandet die Sinnfrage auf, machtvoll verdichtet. Bisheriges wird intensiv geprüft und Aktuelles eben durch die geringe Distanz zum persönlichen Ende zusätzlich provoziert. Je gebrechlicher du wirst, während das Gefühl der Sinnlosigkeit droht, desto empfehlenswerter mag es sein, den eigenen Sinn-Schwerpunkt von der immer mühseligeren Resonanz mit Einzelnem zur Resonanz mit dem Ganzen zu verlagern, und diese wiederum eher in den ruhigen, kontemplativen Spielarten. Wohl dem, der das dann kann und am Schluss zum großen Lachen über die Tragikomödie findet, die sein Leben war – die jedes Leben ist.

Du kannst dir vorstellen, dass dein ursprünglich vorgesehenes Sterbedatum bereits überschritten ist und dein Leben längst einer ungeplanten, zu abgewogener Frivolität einladenden Zugabe entspricht. Begib dich in Gefahr, wenn es sein muss, aber entscheide selbst, wann, wo und wie. Dort harrst du notfalls auf verlorenem Posten aus, das hat seine eigene Größe. Für viele Menschen gilt das; sie starben jünger, als du jetzt bist. Sie kamen nie so weit wie du. Sage dir: „Ach, eigentlich wäre ich ja schon tot." Deine Zeit vergeht also nicht, sondern ist eigentlich lange vergangen, entsteht jedoch als Kuriosum auf wundersame Weise in jedem Moment neu – bisweilen. Aus dem Eindruck, dass du seit geraumer Zeit immer schon zugrunde gehst, weil es für dich keinen geeigneten Platz mehr gab, kann ein entspanntes „Mal sehen, wie das weiterläuft." erwachsen. Du kannst auch imaginieren, gleich die Diagnose einer schnell tödlichen Krankheit zu erhalten. Oder eine solche gegen jede Wahrscheinlichkeit gerade überlebt zu haben.

Konfrontiert mit deiner eigenen Endlichkeit, kannst du gezielt Phänomene des Entstehens aufsuchen und Anfänge wahrnehmen, vor allem neues Leben, um zu erkennen, dass es nach dir mit der Welt weitergeht, dass noch etwas beginnt und Bewegung da ist – und dass aber auch dieses Neue eines Tages zerbrechen wird, während sich woanders wieder etwas regt.

Der Gedanke an deinen baldigen Tod offenbart dir nicht, worauf es im Leben wirklich ankommt. Er zeigt dir vielleicht, worauf es ankäme und angekommen wäre, falls du tatsächlich sehr bald stürbest und das Datum von vorn herein gekannt hättest. Je jünger und gesünder du bist und je stabiler Frieden herrscht und sonstige Umweltbedingungen günstig sind, desto unwahrscheinlicher ist es, dass du in naher Zukunft stirbst, doch niemand kann dir je sagen, wann es passiert. Das verändert die Ausgangslage, in der du ein Urteil über ein dir angemessenes Leben fällst. Der Blick auf deinen möglichen baldigen Tod soll dich für den grundlegenden Spiel- und Kunstcharakter des Lebens öffnen, er zielt auf eine Lockerung deines Verhältnisses zu deiner Existenz. So kannst du auch auf deine Suizidgedanken reagieren: Eigentlich bist du ja eh schon weg, alles vorbei. Kannst du nicht vielleicht doch noch einen Tag weitermachen und etwas Sinn zu stiften versuchen? Ist wirklich schon alles ausgeschöpft? Wenn du ohnehin keine Lust mehr hast und sterben willst, wenn das also klar ist – warum nicht noch kurz warten und etwas weiterspielen? Der Tod läuft dir ja nicht weg. Und auf dem Boden geht es nicht weiter abwärts. Die reine Option der Selbsttötung, ohne tatsächliche Ausführung, kann das Leben erleichtern, ein Stück von seiner deprimierenden Schwere tilgen, obwohl wir das, wie gesagt, anschließend vermutlich nicht auskosten können, da wir eben nicht mehr da sind. Auch die Neugier darauf, ob Medizin und Psychologie wohl Methoden haben, einen launigen Fall wie dich so weit aufzupäppeln, dass es ihn im Leben hält, kann dich als offene Forschungsfrage bewegen. Ich möchte dich, bei allem Verständnis und Respekt für den Wunsch zu sterben, ermutigen, noch die eine oder andere Szene in diesem Quatsch-Theater zu verfolgen und mitzugestalten. Falls du deinen Suizidwunsch übrigens mit der dich umgebenden, feindlichen Gesellschaft begründest: Den Gefallen, dich umzubringen, solltest du ihr nicht tun.

Wie du darüber lachst, wenn jemand einem morgens geschlüpften Tier, dessen Leben ohnehin spätestens am Abend desselben Tages enden würde, zu wenig Glück unterstellt, weil es schon nachmittags verstarb, so lachen auch Götter, wenn du meinst, dass du kein schönes Leben hattest, weil du, statt mit 90, mit 45 weg sein wirst. Warum solltest du darüber nicht selbst so göttlich lachen? Anders herum, wenn es zum Göttlichen nicht reicht: Das prinzipiell kurzlebige Tier, wie urteilt es, wenn es von deinem Tod im Alter von 45 erfährt? „Na, es war ein unvorstellbar langes, alles bisher Dagewesene sprengendes Leben und es wurde Zeit." Warum nicht denken wie das Tier? Das Glück deines Lebens bemisst sich nicht an der Zahl deiner Jahre. Nimm die Schönheit des Lebens wichtiger als seine Länge. Basisgesundheit reicht. Und lasse eventuell qualvolle 10 % deiner Zeit gegen Ende nicht über die restlichen 90 % richten.

Je vergänglicher, desto süßer können die Gaben schmecken und desto bedeutungsloser die Leiden sein. Denke in schlechten Zeiten an mögliche gute und in guten an mögliche schlechte. Du wirst sofort tiefer genießen, vielleicht auch von Melancholie umflort, wenn du dir im Moment des Genusses klarmachst, dass er irgendwann, manchmal plötzlich, auf Nimmerwiedersehen verschwunden sein wird und dir jederzeit alles genommen werden kann. Schätze hoch, was und solange du es hast, und schätze das Unerreichbare oder Verlorene, abgesehen von der dankbaren Erinnerung, gering für deine Gegenwart und Zukunft. Würdige, sobald das dadurch verursachte Leiden überwunden ist, das verlorene Gute als Geschenk in deiner Vergangenheit. In deiner Erinnerung und Phantasie lebt es weiter. Das Gute, das dir widerfährt, bleibt, nachdem es äußerlich vergangen ist, in dir, oftmals solange du es brauchst. Vor der Überwindung solltest du dich jedoch nicht daran erinnern, weil dich schnell die Wehmut überkommt. So schön es auch war und in deinem Gedächtnis fortbesteht: Das einzelne Erlebnis und die einzelne Phase betreffen nie deinen Kern oder dein ganzes Leben, folglich ist dir nur ein kleiner Teil entrissen worden. Und selbst das Gute hatte häufig (nicht immer) auch schlechte Aspekte, vergegenwärtige dir das konkret. Die verlorenen schlechten Aspekte sind dein Gewinn. Umgekehrt hat vieles Schlechte auch sein Gutes, das du oft an Stellen entdeckst, die du nicht auf Anhieb beachtest. So mancher Untergang ist eine Vollendung oder ein notwendiger Anstupser. Das vergangene Gute war eine einmalige Reise, an die du dich dankend erinnerst. Das vergangene Schlechte eine, an die du dich ebenfalls entweder heroisch dankend und als sinnvoll integrierend oder gar nicht erinnerst.

Du kannst Verluste hinter dir lassen, hast das vermutlich schon bei vielen geschafft. Wenn du das Gute nie gehabt hättest, wärest du jetzt auch nicht so unglücklich, wie du dich gerade fühlst. Kurios an vielen Menschen ist: Gib ihnen etwas Gutes, nimm es ihnen wieder weg und sie sind unglücklicher als vor dem Geschenk. Du musst einen Verlust betrauern, darfst dem Verlorenen aber nicht nachtrauern. Du brauchst nicht viel zum Überleben. Du willst vielleicht viel, hast Wünsche. Aber unbedingt notwendig ist das Wenigste. Das Karussell wird sich weiterdrehen. Je weniger du unbedingt brauchst, desto stählerner ist deine Lebensbejahung. Übe dich innerlich im Verlieren und äußerlich im Erreichen und Behalten, so vergeblich es oft auch ist. Innere Loslösung und äußere praktische Klugheit. Dann kannst du dem Schicksal zurufen: „Gib und nimm, was du willst. Ich werde dich tragen."

WAHRHEIT

Alles relativ, aber nicht gleichwertig

An vielen Stellen des bisher Gesagten – vielleicht unausweichlich an allen – war eine bestimmte Auffassung
von Wahrheit präsent, ohne sich je deutlich zu zeigen.
Weil sie zum Verständnis notwendig ist, zerre ich sie im
letzten Kapitel in ein möglichst vorteilhaftes Licht, be-
lasse ihre geistesgeschichtliche Genese jedoch im Verborgenen, da ich bei einem gelehrten Referat dieses Dis-
kurses ob seines Umfangs eine inhaltliche Unwucht des
Buches befürchte. Natürlich bin ich auch zu faul für
eine angemessene Darlegung und unhöflich genug, den
allermeisten Lesern in Bezug auf ihre Lektürebereit-
schaft das Gleiche zu unterstellen. Die tiefer Interessier-
ten werden ihren argumentativen Weg in anderen Wer-
ken finden – und dabei eventuell von meinem abkom-
men.

Postmoderne Wahrheitsvorstellungen, wie etwa die
von Richard Rorty in seinem Neopragmatismus, die ich
bisher unter- und nun überschwellig empfehle, leugnen
angeblich die Existenz von Wahrheit und legitimieren
so umgekehrt jede nützliche Lüge. Das ist mindestens
irreführend. Zeit für eine Klärung.

Der Neopragmatismus von Richard Rorty, der bei
diesem Buch Pate stand, ohne explizit genannt zu werden, fordert nicht, dass jede Behauptung, die in

irgendeinem Vokabular stimmig und nützlich ausgesagt werden kann, von jedem Empfänger als wahr anerkannt oder zumindest akzeptiert wird angesichts der vermeintlichen prinzipiellen Unmöglichkeit von Wahrheit. Sondern er konstatiert, dass eine Behauptung immer im Hinblick auf einen bestimmten praktischen Nutzen im Rahmen eines dafür ausgelegten bestimmten Vokabulars als wahr oder unwahr klassifiziert wird und dass wir uns darüber hinaus keine Sorgen um eine korrekte Realitätsabbildung machen müssen, weil wir diese Aufgabenzuweisung der Sprache getrost zurückziehen können. Ohne den praktischen Nutzen anzustreben und das Vokabular zu teilen, wird man eine Behauptung nicht als wahr anerkennen.

Ein Beispiel: Mark beobachtet, dass der Gärtner den Fensterreiniger getötet hat und sich sonst niemand in der Nähe aufhielt. Gegenüber der Polizei sagt er aus, dass der Bademeister der Täter war und nicht der Gärtner. Wenn alle Menschen, mit denen Mark in einer Gesellschaft zusammenlebt, ebenfalls unmittelbare Zeugen des Geschehens gewesen wären, dann hätten vermutlich annähernd 100 Prozent von ihnen hinterher zu Protokoll gegeben, dass der Gärtner der Täter war und nicht der Bademeister, weil sie in dieser Sache ein gemeinsames Vokabular haben und das gemeinsame Ziel verfolgen, den aus ihrer Sicht richtigen Menschen zur Rechenschaft zu ziehen, nämlich den, den sie beobachtet haben, und der wird in ihrem Vokabular mit dem Wort „Gärtner" beschrieben. Vorausgesetzt, Mark war sowohl bei der Tat als auch bei der späteren Schilderung im Besitz ausreichender geistiger Kräfte, dann müssen wir annehmen, dass Mark entweder unser Vokabular oder unser Ziel nicht teilt.

Der hier beschriebene Fall ist trivial – trivial deshalb, weil man mit dem Finger auf die „Gärtner" genannte Person zeigen und so leicht Einigung über den Begriff erzielen kann und weil uns partout nicht einfällt, warum es sinnvoll sein könnte, diese Person anders zu benennen, etwa „Bademeister". Daher nehmen wir an, dass Mark zwar unser Vokabular teilt, aber nicht unser Ziel: Er will nicht, dass der Gärtner verurteilt wird. Er beschuldigt, so unsere Vermutung, fälschlicherweise den Bademeister, weil er ein uns noch unbekanntes Interesse daran hat, dass der Gärtner nicht in den Fokus der Ermittlungen gerät.

Angenommen, Mark verfolgt doch unser Ziel, teilt aber unser Vokabular nicht. Er nennt zum Beispiel die Person einen Bademeister, die bei uns der Gärtner ist. Es handelt sich um eine phantasievolle Neubeschreibung, allerdings trifft sie bei uns nicht auf fruchtbaren Boden. Wir übernehmen sie nicht, da uns der Nutzen verschlossen bleibt. Andere phantasievolle Neubeschreibungen fügen wir hingegen sofort in unser Sprechen ein, wenn sie uns bei privaten oder öffentlichen

Projekten weiterhelfen. In diesem Fall jedoch würden wir Mark für verwirrt halten. Ein Neopragmatist muss hier konzedieren, dass Marks Aussage für Mark in seinem spezifischen, uns nicht einleuchtenden Vokabular wahr ist. Das bedeutet jedoch nicht, dass der Neopragmatist ihn nicht wegen Falschbeschuldigung bestrafen darf. Er gesteht Mark lediglich seine eigene Wahrheit zu – so nutzlos bis schädlich und verwerflich er sie auch für die Gesellschaft findet, weshalb er sie nicht anerkennt und dafür wirbt, dass die Gesellschaft sie ebenfalls nicht übernimmt, ja, sie sogar in einem juristischen Kontext unter Strafe stellt als falsche Zeugenaussage. Damit verpflichtet er den für geistig gesund befundenen Mark, ein bestimmtes Vokabular und seine vorgegebenen Anwendungsregeln zumindest in ausgewählten Bereichen zu teilen, und sanktioniert ihn, wenn er das nicht tut.

Die Beschreibungen im Vokabular der dominanten Gruppe, zu der der Neopragmatist zufällig gehört, sieht er analog zur Beschreibung von Mark als Wahrheit für diese Gruppe. Eine kontingente Beschreibung tritt gegen eine andere an. Die Einigkeit, die die Gruppe mühelos erzielte, deutet er nicht als eine Übereinstimmung mit dem eigentlichen, einzig wahren So-Sein des Geschehens. Sie ist einfach ein soziales Phänomen, in diesem Fall: ein erfreuliches. Die Gruppe hat sich auf ein Vokabular geeinigt, in dem unter anderem Aussagen getroffen werden können, deren Wahrheit oder Falschheit sie von der Welt entscheiden lässt, ohne annehmen zu müssen, dass diese Aussagen die Welt abbilden oder spiegeln.

Beliebig sind die Aussagen über die Welt auch in postmodernen Wahrheitsauffassungen deshalb nicht, weil sie den kausalen Zwang nicht leugnen. Die Realität meldet sich bei uns mal schmeichelnd und mal brutal, sie unterstützt unsere Pläne oder durchkreuzt sie. Wir müssen uns durchlavieren. Für die populäre esoterische Behauptung, dass die Realität sich menschlichen mentalen Zuständen anpasst, gibt es keine Evidenz, und viele sachlogische Gründe sprechen dagegen. Diese Aussage ist schlicht verrückt, magisches Denken.

Der Neopragmatist zweifelt daran, jemals die Gewissheit zu erlangen, dass eine Beschreibung – egal ob seine oder eine andere – mit der Wirklichkeit übereinstimmt, weil die über viele Jahrhunderte bis in die Gegenwart vorgetragenen kritischen Einwände ihn tief beeindruckt haben und die Antwortversuche ihm unbefriedigend und witzlos erschienen. Um nicht in positions- und handlungsunfähigem Skeptizismus festzustecken oder in das schwache Denken postmoderner Beliebigkeit eines Vulgär-Konstruktivismus abzugleiten, beschreibt er Wahrheit neu als etwas, das innerhalb von kontingenten Vokabularen für kontingente Beschreibungen im Hinblick auf einen kontingenten

Nutzen gilt. Es geht fortan nicht mehr darum, Realität abzubilden, sie sozusagen sprachlich zu imitieren, sondern um Sprache als Werkzeug zum individuellen und gesellschaftlichen Umgang mit der Realität. Erkenntnis ist Lebensbewältigung. Wo Wahrheitsansprüche andere Menschen direkt betreffen, müssen sie sich sozial bewähren, also vor anderen gerechtfertigt werden. Wo sie ausschließlich der privaten Selbsterschaffung dienen, müssen sie nur vor dem Sprecher selbst bestehen.

Ganz ähnlich wie im Tötungsdelikt oben verhält es sich in den Naturwissenschaften: Das grundsätzliche Vokabular und auch der angestrebte Nutzen dürfen als gemeinsam geteilte gelten, entsprechend können Theorien – auch jene, die Neubeschreibungen vorschlagen – daraufhin geprüft werden, ob sie den Nutzen erzielen. Helfen sie also, ein naturwissenschaftliches Phänomen zu erklären, zu prognostizieren und vielleicht die Welt zu verändern? Falls ja, dann nennt man sie „wahr", denn genau das erwarten wir von naturwissenschaftlicher Betätigung. Die Welt sorgt dafür, dass Homo sapiens Geräusche emittiert und Geräusch-Symbole niederschreibt, mit denen er seine Ziele besser erreicht, weil sie seine Fähigkeiten erweitern. Nichts verlangt, dass wir den Zusammenhang zwischen den Geräuschen beziehungsweise ihren Symbolen einerseits und der Welt andererseits als Abbildung, Darstellung, Widerspiegelung, Repräsentation oder Ähnliches deuten. Wir taten es aber und tun es häufig noch, was mehr Probleme schafft als löst. Mindestens führt es in theoretische Sackgassen. Ich bezeichne eine (von mir abgelehnte) Position, die glaubt, dass es ein eigentliches So-sein der Dinge gibt, das wir auf eine bestimmte Weise beschreiben müssen, als metaphysisch.

Für die Qualität der Forschung eines Naturwissenschaftlers ist es irrelevant, ob sein Herz für Metaphysik oder Neopragmatismus schlägt. Der Metaphysiker wird seine etablierte Theorie als Übereinstimmung mit der Wirklichkeit vermarkten oder wenigstens pseudobescheiden als Schritt in diese Richtung. Der Neopragmatist freut sich über die neuen Möglichkeiten, die die Theorie bietet, und ist gerührt vom Pathos des Metaphysikers, hält es in anderen Kontexten aber für gefährlich. Der pragmatistische Naturwissenschaftler weiß leider nicht, wie er verlässlich prüfen soll, ob eine verwendete Beschreibung jenseits der genannten Nutzenaspekte mit der Wirklichkeit übereinstimmt. Ebenso wenig kann er erkennen, wozu wir das Prädikat „stimmt mit der Realität überein" benötigen. Für ihn ist es eine nichtssagende Redegewohnheit, die mehr Probleme aufwirft, als Vorteile bringt. Wie, fragt er sich, kann ich beweisen, dass die aufgrund ihres Nutzens als wahr etablierte Beschreibung nicht nur meine beziehungsweise unsere Sprache, sondern die Sprache der Natur selbst ist? Die Natur lässt er zwar darüber entscheiden, welche Beschreibungen er wahr nennt, aber das ist etwas anderes als die Behauptung, dass die Natur selbst mit dieser Beschreibung in diesem Vokabular zu uns spricht. Für ihn ist „X stimmt mit der Wirklichkeit überein" ein leeres metaphysisches Kompliment, das der Aussage keinen Wert hinzufügt, außer einer feierlichen Gebärde von Größe durch Verbindung mit einer höheren Macht. Wenn wir die Formulierung fallenlassen, verlieren wir entsprechend wenig, können aber viel gewinnen, zwar nicht in der Naturwissenschaft, jedoch in anderen Lebensbereichen. Naturwissenschaftler produzieren Beschreibungen für bestimmte Zwecke. Philosophen, Politiker, Literaten stellen Beschreibungen für andere Zwecke zur Verfügung, etwa zur privaten und öffentlichen Selbstgestaltung des Menschen. Poeten sind sie alle. Naturwissenschaften können hierbei eine hilfreiche Rolle spielen, sagen uns aber nicht, was wir mit uns anfangen sollen. Im politischen Kontext gibt es zwar ebenfalls triviale Aussagen, für die das oben genannte Mark-Beispiel gilt – zumindest gelten sollten, sofern der Sprecher nicht deutlich darauf hinweist, an welcher Stelle er vom Vokabular des Common Sense mit Beschreibungen des Common Sense in welcher Form abweicht und warum. Hier streiten sich diverse Parteien jedoch nicht einfach nur um den richtigen Weg zu einem gemeinsamen Ziel, sondern häufig auch um das Ziel, das sie anstreben sollen.

Nun ist es so, dass die Ziele der einen Partei im Vokabular der anderen unsinnig und abstoßend erscheinen oder gar nicht erst vorkommen können. Daraus leiten sich bisweilen sehr unterschiedliche Beschreibungen ab, die eine erhebliche Rolle für das Leben der Menschen haben. Ist jemand beispielsweise ein „Terrorist" oder ein „revolutionärer Freiheitskämpfer"? In der politischen Arena wird augenfällig, dass man „Stimmt mit der Wirklichkeit überein" problemlos übersetzen kann mit „Hierin können wir mühelos Einigung erzielen".

Über die Zwecke wird in einigen Bereichen, etwa den Naturwissenschaften und der Sphäre des Instrumentellen, also leichter Einigung erzeugt als in anderen, vor allem den politischen und denen zur Selbsterschaffung: Wann eine physikalische Theorie wahr ist, lässt sich einfacher allgemeiner festlegen als Kriterien für ein wahres, richtiges Gesetz, ein wahres, richtiges Leben, einen wahren, richtigen Menschen – Letzteres gelingt wohl nie, und das ist erfreulich. Sind die Zwecke einmal definiert, können unterschiedliche Beschreibungen in unterschiedlichen Vokabularen nach ihrer Effektivität und Effizienz bewertet werden, wobei sich das in den Naturwissenschaften wiederum schneller vollzieht als in den anderen genannten Gebieten.

Dass Einigungsgeschwindigkeiten und Zweckdienlichkeit unterschiedlich sind, ändert jedoch nichts daran, dass man alle Vokabulare und entsprechend die in ihnen vorkommenden Beschreibungen als kontingent ansehen kann und sollte. Die Beschreibungen der Wissenschaften generell sind dem eigentlichen So-Sein der Realität nicht näher als zum Beispiel politische, sondern sie dienen Zwecken, die die anderen nicht teilen, weil sie andere verfolgen. Beide können erkenntnistheoretisch problemlos koexistieren, was jedoch nicht bedeutet, dass alle Vokabulare gleich gut oder schlecht sind. Religion etwa darf keine propositionale Wahrheit beanspruchen, weil sie im Kern Aussagen von einer Art tätigt, für deren Prüfung die Wissenschaften mehr Glaubwürdigkeit besitzen, da die Ergebnisse klar genug zugunsten der Wissenschaften sind. Wenn Religion ihre Wahrheitsansprüche abbaut und in der Folge annimmt, dass Gott und seine Geschichten der menschlichen Phantasie entsprungene Kunst sind, dann ist sie literarische Lebenspraxis wie andere Symbolsysteme auch und büßt bei ihren sorgsam verzogenen Anhängern wohl einen Gutteil ihrer Wirkung ein. Es wäre ein fortschrittlicher Verlust, da wir endlich aufhörten, beliebigen Kuttenträgern, die ständig mit ernster metaphysischer Miene aus Märchen zitieren, höhere Einsicht zuzuschreiben und privilegiertes Mitspracherecht zu gewähren. Religiöse Weltbilder beschränken sich, im scharfen Gegensatz zu dem Weltbild in diesem Buch, nicht darauf, eine bestimmte Art Mensch hervorzubringen, die man aus Gründen einer besseren irdischen

Zukunft anstrebt, sondern beanspruchen mindestens den gleichen Wahrheitsstatus wie die Beschreibungen der Wissenschaften und leiten daraus das eine, für alle richtige Leben ab. Religiöse Menschen bekennen: „Ich richte mich nach diesen Anschauungen, weil sie an sich heilig sind." Dionysiker sehen es genau umgekehrt: „Diese Anschauungen sind mir heilig, weil ich mich nach ihnen richte." In Angelegenheiten, für die die Wissenschaft die höchste Kompetenz aufweist anhand der Kriterien einer ontologisch sparsamen, grundsätzlich falsifizierbaren Erklärung sowie häufig gelungener Prognosen und gezielter Beeinflussungen, setzt der Dionysiker auf die professionelle Wissenschaft, akzeptierend, dass auch sie nicht gewiss ist. Sich selbst sieht er als fehlbaren Experten für sein eigenes Leben, der die wissenschaftliche Beschreibung des Seins zwar manchmal nutzt, um über sein persönliches Sein zu entscheiden, der jedoch davon ausgeht, dass diese Entscheidungen für ein Sollen sich nie einfach aus der Wissenschaft ergeben, nie „logisch" aus ihr abgeleitet werden können, ohne eine persönliche, kontingente Wertung hinzuzufügen. Seine nicht-wissenschaftlichen Weltbilder können, da sie abweichende Ziele verfolgen, den wissenschaftlichen nicht widersprechen, wohl aber, wenn es aus seiner Sicht nötig ist, den impliziten Wertungen ihrer Beschreibungen, die uns dazu verführen, den naturalistischen Fehlschluss vom Sein zum Sollen zu begehen. Das in diesem Buch entwickelte Weltbild vom dionysischen Willen als grundlegendem Prinzip beansprucht demnach selbstverständlich nicht, eine konkurrierende Alternative zur Wissenschaft zu sein. Es will die Welt nicht erklären, nicht prognostizieren und keine Möglichkeiten des gezielten Einflusses auf ihren Verlauf behaupten. Es ist stattdessen poetische Ausstülpung einer Art, in der Welt zu sein, es reagiert auf menschliche Erfahrungen, kommuniziert eine Gestimmtheit, benennt eine Haltung, informiert über einen Charakter, auch ein Temperament. Vielleicht übt es einen nicht als geltendes Gesetz verstandenen wünschenswerten Einfluss aus. Ich denke, dass man mit ihm besser dran ist als ohne es, und finde den Lebensstil, auf den es verweist, außerdem ästhetischer. Ob „man" von ihm profitiert oder nur einige wenige oder niemand, ist hingegen eine potenziell wissenschaftliche Frage, deren Beantwortung ich nicht leiste. Ich denke mir diese Ideen lediglich aus und prüfe, ob ich durchkomme. Ein Wurf, mit dem ich hoffentlich weit fliege. Nicht mit dem Bewusstsein eines Forschers, der universelle Wesenheiten von Welt und Mensch offenlegt, sondern mit dem eines Erfinders schreibe ich dieses Buch, ich erdichte eine Daseinsform, setze Werte und Perspektiven. Erschaffung statt Erkenntnis, unwissend über den Ausgang des Experiments. Falls sich, wie auch immer, erweist, dass meine Ideen heute außer mir niemandem helfen, dann setze ich auf die Zukunft: Vielleicht wird es irgendwann viele Menschen geben, die sie als tiefe Erfahrung realisieren. Reine Literatur, so hoffe ich, bleiben sie nicht. Ich führe auf diesen Seiten coram publico auf eigene Rechnung ein Großmanöver zur Selbsttransformation in ein Ideal durch, im vollen Bewusstsein seiner Kontingenz sowie der Ungewissheit des Gelingens, auch dort, wo die Sätze es nicht offenbaren. Mythen gehören dazu. Wir können Mythen machen, sollten uns dabei aber nichts vormachen, indem wir vergessen, dass wir ihre Schöpfer sind. Indem ich die Welt beschreibe, baue ich etwas Anderes in die Welt, eine spezifische Sicht mit der Intention, die Ungewissheit zu handhaben und das Leben zu steigern. Meine Beschreibungen sind Setzungen. Das Sein in diesem Buch ist meistens ein gesolltes. Diejenigen Weltbilder des Dionysikers, mit denen er keine Ziele verfolgt, für die man offensichtlich lieber die Wissenschaft anrufen sollte, sagen also etwas darüber aus, wer und wie er ist, was er aus sich gemacht hat in all seiner Kontingenz und wie er das Leben wahrnimmt. Beim religiösen Menschen ist das anders. Er – das vergisst man leicht – glaubt wirklich, dass Gott im Singular oder Plural als Person oder Kraft existiert, die allerhand bis alles lenkt, fängt und fordert. Religiöse Menschen füllen, genau wie alle Esoteriker, Wissenslücken mit schlechtbelegten bis höchstunwahrscheinlichen, großspurigen, mehr Fragen aufwerfenden als Antworten liefernden Behauptungen, pappen daran diverse konkrete Vorschriften, schlucken den Sud, fühlen sich dadurch besser, verteilen ihn und erwarten allen Ernstes, dass die anderen sie wenigstens unkommentiert gewähren lassen, besser aber ihnen Beifall klatschen und sie aktiv unterstützen, was nicht selten auf ein Privilegieren hinausläuft. So machen sich Religionen mit ihrer metaphysischen Wahrheitspraxis des subjektiven, intuitiven, beliebigen Raunens lächerlich angesichts des Erfolges der Wissenschaften bei der Erweiterung der menschlichen Möglichkeiten. Religion ist Reduktion der menschlichen Möglichkeiten. Religionen treten die wissenschaftliche Tradition mit Füßen und produzieren außerdem unfreie, selbstgefällige Menschen, die wiederum unterm Strich Leid und Schaden erzeugen. Wo Religion die Politik dominiert, gibt es keine Demokratie und kann es sie nicht geben, wenn man die religiöse Theorie befolgt. Das politische Äquivalent zur Metaphysik, wie sie unter anderem in Form von Religionen auftritt, ist die Diktatur. Ein Diktator kann Dinge durchsetzen, die ein demokratisch gewähltes Staatsoberhaupt ebenfalls tun würde. Er kann aber auch das pure Grauen verbreiten und man wird ihn trotzdem schlecht wieder los. Metaphysik ist geistige Diktatur. Weil diese Argumente gegen Religion (und eben nicht nur gegen die Kirche als Institution) sehr alt sind, ist die Notwendigkeit ihrer Wiederholung beschämend. Doch Menschen fallen leider ständig dem Götterspuk anheim. Politisch entschärfte und gesellschaftlich machtlose Religionen kann man – stets mit einem wachsamen Auge und zum Auskübeln von Hohn und Spott sowie zum Verhängen von Sanktionen bereit – tolerieren, sofern Toleranz Duldung und Duldung das bewusste Nicht-Verhindern des klar Abgelehnten meint.

Religion ist, um die von ihr intendierte Wirkung voll zu entfalten, darauf angewiesen, sich als nicht-kontingente, die schnöde Wissenschaft übersteigende und im Konflikt ersetzende Veranstaltung zu gerieren. Sie muss zwingend metaphysische Gewissheit proklamieren, andernfalls sackt sie zu Fantasy- und Science-Fiction-Literatur zusammen. Ihre Rituale wären nette Rollenspiele für Fans, was ich begrüßen würde. Der Gewinn wäre ein Als-ob-Gott: Leben, als gäbe es ihn und als würden die mit ihm verbundenen Ideen gelten, jedoch anerkennen, dass man sie selbst geschaffen und geheiligt hat. Funktioniert das, was ein gläubiger Mensch denkt und tut, auch ohne seinen Glauben an die Existenz und den geoffenbarten Willen Gottes? Bringt es mehr Vor- als Nachteile, für mich, für uns, für alle, immer und überall oder wenigstens eingeschränkt? So kann man mit jeder Behauptung über das richtige Leben verfahren: sie nicht als einzig mögliche Ableitung aus dem So-Sein der Realität, sondern als kontingenten Vorschlag zur Selbstgestaltung interpretieren, sie ausprobieren, innerlich, äußerlich, und sehen, wohin man gelangt. Wir selbst sprechen heiligen Wert zu oder ab. Genau das aber sehen Menschen, die nach der Definition dieses Buches religiös sind, anders. Sie stellen aus meiner (kontingenten) Sicht eine kontingente Spielart des Menschseins dar, die sich selbst nicht als eine solche begreift. Sie verstehen sich als die einzigen von metaphysischer Weihe gesegneten Figuren, die es nicht nötig haben, mit nicht-metaphysischen Argumenten für sich zu werben und glaubwürdige Belege für ihre abstrusen Thesen zu liefern. Abstrus sind sie deshalb, weil sie empirisch höchst anspruchsvoll sind, aber es für sie keine intersubjektiv weitgehend nachvollziehbaren bestätigenden Instanzen gibt und sie oft im schroffen Widerspruch zu naturwissenschaftlichen Thesen stehen, die diese Mängel nicht aufweisen. Religiöse Menschen sind bereit, Maximal-Behauptungen zu glauben, die nach den Wahrheitspraktiken der hinsichtlich plausibler Erklärung, starker Prognosekraft und gesetzmäßiger Realitätsbeeinflussung massiv überlegenen Wissenschaften minimal verifiziert und maximal unwahrscheinlich sind. Über anekdotische Evidenz kommen Religionen selten hinaus und meistens müssen sie dazu noch allerhand aufgeblasene Behauptungsballons nachliefern, um ihre im Widerspruch stehenden anderen Aussagen zu integrieren. Der religiöse, allgemein der esoterische Weg meint den Prozess, hochspekulative Suggestionen als gesichert objektiv wahr zu empfinden und sich in seinen Halluzinationen gegenseitig zu bestärken. Da ich um einen klaren Ausdruck meiner Auffassungen nicht verlegen sein will: Religion ist Zeichen eines intellektuellen und charakterlichen Verfalls, der durch Leiden begünstigt wird. Verfängt Religion in einem Menschen, hat meistens auch das Umfeld versagt. Zahm wirkt sie nur im Käfig, harmlos nur, wo sie nicht mächtig ist. Sie ist Gift für Demokratie und Fortschritt. Ich persönlich habe übrigens fast ausschließlich gute Erfahrungen mit Gläubigen gemacht, und so passioniert ich gegen Religionen auch ätze: Die religiösen Menschen werte ich in ihrem Menschsein selbstverständlich nicht ab (was sie, wenn meine Intuition nicht täuscht, anders sehen).

Ich lehne Religion und jede andere Esoterik, zusammengefasst, aus zwei Gründen ab: 1. Religion ist hässlich. Ich hege ästhetische Widerstände gegen ihren läppischen Optimismus und ihr gebeugtes Leben. Einzelheiten hat dieses Buch hoffentlich verdeutlicht. 2. Religion ist anmaßend. Sie versteht sich als nicht-kontingente, wahlweise höhere oder tiefere Wahrheit. Das ist epistemologisch fragwürdig, freiheitsraubend und schnell gewaltverherrlichend. Ihre Annahmen wollen außerdem die Welt erklären, prognostizieren und durch Anwendung vorgegebener Gesetze beeinflussen. Sie treten also mit der Wissenschaft in Konkurrenz, die dieses Geschäft, zurückhaltend formuliert, besser beherrscht. Religion ist rationalitäts- und vernunftfeindlich. Sie beleidigt den klaren Verstand, verdunkelt und vernebelt anstatt aufzuklären. Religion und Esoterik erziehen zum Schwurbeln, das in ruhigen Zeiten fälschlicherweise als ungefährlich gilt, in der Krise aber zum unnötigen Risiko für die Vertreter und oft auch für den Rest der Gesellschaft wird.

Ja, es besteht die Möglichkeit des Göttlichen, das sich in außergewöhnlichen Erregungszuständen zeigt. Eine Möglichkeit ist jedoch keine Gewissheit, nicht einmal eine belastbare Annahme. Ich selbst könnte Gott sein. Die Behauptung meiner Göttlichkeit ist nicht abstruser als die der Religionen. Selbstverständlich sollte das aber niemand einfach so glauben, selbst dann nicht, wenn er das emotional ganz dringend braucht, da er sich, wenn er sich solch eine Naivität gestattet, seinen Verstand verhunzt und jedem Rattenfänger des Geistes in die Falle geht.

Schwaches Denken lässt sich von der eigenen Kontingenz bremsen, starkes von ihr und der der anderen ermuntern. Die Kontingenz lädt dazu ein, sozialen und individuellen Fortschritt durch Neubeschreibungen zu fördern. Je nachdem, wie wir etwas beschreiben, erscheint es als erstrebenswert oder ablehnungswürdig.

Wir machen es attraktiv oder abstoßend. Obwohl du niemals annehmen sollst, an das Ding an sich zu rühren, sollst du für das einstehen, woran du glaubst. Gib dir eigene Beschreibungen für deine private Selbsterschaffung und entwickele für den Bereich des Öffentlichen im Gespräch mit anderen Beschreibungen für allgemeine Belange. Du sollst also wichtig nehmen, wovon du denkst, dass es richtig ist, weil du dir davon ein besseres Leben versprichst, aber nicht mit dem letzten, ontologischen Ernst; du sollst kritisch bleibend Sinn geben, Werte schaffen, Bedeutung verleihen und Wahrheit setzen und trotzdem darüber lachen wie der Tod, ihn mit Ironie vorwegnehmen.

Verzichten wir auf repräsentationalistische Spiegel-Metaphern für Wahrheit (Wahrheit als Abbild der Realität) und ersetzen sie durch neopragmatistische Werkzeug-Metaphern (Wahrheit als Eigenschaft von Sätzen, die sich bewährt haben), dann gewinnen wir Freiheit für unsere Diskurse, ohne die Selektion von Wahrheitskandidaten über anerkannte Rechtfertigungsmechanismen zu gefährden – es sei denn, die Rechtfertigungsmechanismen selbst bedürfen einer Erneuerung. In einem Großteil unserer aktuellen politischen Debatten ist dieser Schritt meistens bereits vollzogen. Bloß viele Philosophen und alle Fundamentalisten hinken noch hinterher. Fundamentalisten wiederum sind dann doch wieder viele Menschen, sobald sie sich auf ausführlichere

Begründungen für ihre Forderungen einlassen. Irgendwann landen die Leute wieder bei Gott, der Natur oder dem Wesen des Menschen, des Lebens, der Welt, der Vernunft, des Guten und anderem. Oder sie rekurrieren auf ihr Recht auf individuelle Wahrheit zu jedwedem Thema, die sich der Gegenrede im Sozialen nicht aussetzen müsse. Die latente Bereitschaft zum Rückfall in Tyrannei durch Metaphysik und manche Sackgassen der Postmoderne, etwa eine stolze Wissenschaftsleugnung, verdeutlichen die Notwendigkeit einer kontinuierlichen Einübung in den von Richard Rorty geprägten Neopragmatismus.

Indem wir uns an die Kontingenz jeder Lebensform sowie ihrer Begründung erinnern, fassen wir den theoretischen Mut, vermeintlich selbstverständliche Lebensformen zu kritisieren sowie uns einer verinnerlichten, aber unpassenden zu entledigen und an ihre Stelle eine neue zu setzen. Unsere zentrale Metaphysik ist immer der in unserer Kultur übliche, tief in die Intuition eingesickerte Sprachgebrauch mit seinen Werten und Normen. Ihn verteidigen wir wie Eigentum, wir halten ihn für unantastbar und wollen nicht umlernen, auch nicht, wenn gute Gründe vorliegen. Deshalb hilft es, sich gelegentlich seine Kontingenz vor Augen zu führen, um neue Möglichkeiten des Denkens und Handelns zu erproben. Man muss sich den ideologischen Novitäten nicht an den Hals werfen, bloß weil sie welche sind. Es gibt fast immer Traditionen, die zu bewahren sich lohnt. Doch sollte man sich durch verbohrtes Beharren auf Beschreibungskonventionen nicht von vorn herein der Chance berauben, einen Schritt in eine bessere Zukunft zu gehen.

Das bisher Gesagte berücksichtigend, lässt sich postulieren: Ein eigenes Leben erschaffst du unter der Bedingung theoretisch unbegrenzter existenzieller Optionen, vulgo: aus der Freiheit heraus. Verzichte auf alle Götter und überhaupt auf jede Metaphysik. Du kannst dich auf keine dem Menschen übergeordnete, unangreifbare Macht berufen, um dir Geltung zu verschaffen oder dich umfangen und geleitet zu fühlen. Stattdessen sollst du alle Praktiken, die Beschreibungen aller Dinge und alle Urteile – die der anderen und deine, auch deine tiefsten, stärksten Favoriten – als kontingent betrachten, genauso wie alle Ereignisse. Als etwas, das nicht die eigentliche, einzige, objektive, absolute, ewige Substanz oder das So-Sein des Wesens der Realität, der Vernunft, der Moral, der Natur, des Menschen, des höchsten Plans oder anderes widerspiegelt, sondern eine Möglichkeit unter vielen ist. Jede Autorität ist kontingent. Alles ist kontingent. Kontingenz meint, noch einmal, die höhere Nicht-Notwendigkeit alles Bestehenden, die Offenheit und Legitimität jeder Erfahrung in Bezug auf ihren Status als objektive Wahrheit. Kontingenz bedeutet, dass keine den Menschen überragende Macht –

weder Gott noch Natur noch anderes – vorgibt, wie wir etwas beschreiben und unser Leben entwerfen müssen und wie dieses Leben letztlich verläuft. Beschreibungen und Lebensweisen sind menschengemacht und können sich nicht durch nicht-menschliche, von ihm unabhängige Instanzen legitimieren. Metaphysik hingegen ist das Postulat von Begriffs- und Werteordnungen, die unberührt von unserem Willen gelten, die nicht von uns in existenzieller Freiheit geschaffen wurden, sondern die wir als von außen gegebene erkennen können und denen wir uns unterwerfen müssen, wenn wir ein objektiv und fundamental falsches Denken und Leben vermeiden wollen. Das ist das genaue Gegenteil der in diesem Buch vertretenen Philosophie. Beschreibungen, Wertungen und Handlungen sollst du als Entwürfe, als perspektivische Erzeugnisse der eindrucksvollen menschlichen Phantasie und damit als prinzipiell austauschbar wahrnehmen. Nichts von dem, was Menschen sagen und treiben, entspricht einer von ihnen unabhängigen, absoluten Wahrheit, die uns von außen auferlegt wird und der wir uns zu fügen haben. Jede Unterscheidung ist eine Entscheidung: Ja und Nein, Gut und Schlecht, Tisch und Nicht-Tisch, Wasser und Land, Freiheit und Sklaverei, Ich und Nicht-Ich et cetera. Beschreibungen, auch solche desselben Gegenstands, werden zu unterschiedlichen Zwecken ersonnen, oft sogar in unterschiedlichen Vokabularen. Bei keiner haben wir die Gewissheit, dass sie dem eigentlichen So-Sein der Realität näher ist als eine andere – und es ist auch nicht ihre Aufgabe, die Realität abzubilden, sie zu spiegeln, sie zu repräsentieren. Bewerte eine Beschreibung danach, ob sie mehr Nutzen bringt als Schaden anrichtet. Darin liegt die Kraft des Menschen: Mit seiner Sprache bringt er Gedichte hervor, die Zonen der Leb- und Sterbbarkeit errichten. Jede orientierende Beschreibung, im Kleinen wie im Großen, sendet die Botschaft: „Folge mir und nicht den anderen, dann hast du beste Chancen, so gut und richtig wie möglich zu werden. Ich verspreche dir Großes, wenn du zuwiderlaufenden Versprechen entsagst." Betrachte diese Beschreibungen und ganze Vokabulare als kontingent, mögen sie auch noch so viele beeindruckende Metaphysik-Worte benutzen und noch so von der Welt aufgezwungen erscheinen. Rechte und Pflichten, ob in Moral oder Gesetz, zeigen und verstetigen kontingente Machtverhältnisse, die dich unterstützen oder dir zuwiderlaufen können. Das gilt ebenso für alles, was hier zu lesen ist, für die dionysische Weisheit im Allgemeinen und speziell für die Kontingenzunterstellung selbst; sie will, wie alles auf diesen Zeilen, nicht mehr sein als eine nützliche Sichtweise, eines von vielen möglichen Vokabularen, in denen spezifische Haltungen, Abneigungen, Sympathien, Wünsche, Ziele und erstrebenswerte Handlungen formuliert werden können. Sie ist ein

Werkzeug, um nach seinen eigenen Maßstäben Gutes herzustellen und sich gegen Schlechtes zu verteidigen. Die dionysische Weisheit, zu der die Annahme der umfassenden Kontingenz gehört, ist eine Idee, ein Vorschlag zur Beleuchtung des Lebens, den ich in der Hoffnung unterbreite, dass manche Menschen ihn übernehmen – nicht im Glauben, der Realität oder einer natürlichen Ordnung besser als alternative Vokabulare auf die Schliche gekommen zu sein. Sondern im freudigen Gefühl, mit seiner Hilfe etwas aus sich machen zu können. Ich aktiviere die Kraft der Neubeschreibung, Bestehendes zu relativieren und anderes möglich und wichtig zu machen (das dann wiederum von anderen Menschen relativiert wird).

Kontingenz ist Raumgewinn, der generative Kern der Freiheit. Sie entmachtet fremde Vokabulare, ohne den Wert deines eigenen zu übertreiben. Sie lädt ein zu kreativer Selbsterschaffung, zu Versuchen, Erprobungen, Auskundschaftungen des Möglichen in der menschlichen Entwicklung. Mit ihrer Skepsis reißt sie enge Grenzen auf und offenbart die unendliche, bedrohliche wie verlockende Weite des Denk- und Lebbaren, bei denen keine Instanz für Gewissheit sorgen kann. Der letzte Grund für deine Orientierungen bist du, ein Mensch unter vielen. Deine Urteile über Handlungen oder Gedanken triffst du im Bewusstsein ihrer Kontingenz inmitten anderer Kontingenzen, und du hältst dir die Möglichkeit offen, dass sie hinweggeblasen werden. Das Gute und Schlechte eines Denkens und Handelns kannst du nie neutral, von einem archimedischen Punkt außerhalb des selbstgemalten Bildes ermessen. Keine Macht kann dein Denken und Handeln metaphysisch letztbeglaubigen. Nichts ist stärker als die schlichte Ignoranz des andersgearteten Vokabulars und das Malmen der Zeit. Nichts ist größer als das Lachen darüber.

Den Sinn des Lebens empfängst du demnach nicht als etwas einfach Vorhandenes von außen, du musst ihn aus dir heraus und in erster Linie für dich erzeugen oder aktiv annehmen. Er springt uns nicht als Autorität aus der Welt entgegen. Wir legen sie aus und ihn hinein. Im Bewusstsein der Kontingenz erschaffst du Werke und formst dich und dein Leben zu einem Gesamtkunstwerk, auch wenn es niemand versteht und jeder belächelt. Dein Erfolg liegt in dem unerschütterlichen Schöpfungsversuch, auf deine leer und roh empfangene Existenz innerlich frei mit eigenen Entwürfen zu antworten und so ein Beispiel für eine geglückte, vielleicht originelle Wirklichkeit zu sein, damit der Reigen der Optionen weitergeht. Demonstriere ein Beispiel des Daseins und erweitere, falls dir das entspricht, sogar das Spektrum, indem du etwas erschaffst, das nur du so hervorbringen kannst. Ziel ist es, dem Großgedicht deinen eigenen Vers anzufügen und deine Spur zu graben, ihrer Kontingenz, absurden Fragilität, Vergänglichkeit und Winzigkeit zum Trotz. Du bist der Schöpfer der für dich bewohnbaren Welt, der Dichter deines Daseins, dem alles, was ihm widerfährt, Material ist.

Ich ermuntere dich, bereits vor dem Ende deines Lebens dieses Pathos nicht scheuende Fazit zu ziehen: „Ich habe mir gemäß gelebt. Sturm und Abenteuer war es, ein wilder, gefährlicher Ritt über einen weit geschwungenen Bogen, Experiment und Kunstwerk. Ich habe viel gewollt und mein Dasein gestaltet – manchmal zu etwas Singulärem, indem ich nur mir selber glich. Was ich vorfand, Helles und Dunkles in mir und außerhalb meiner, das habe ich pyramidal auf die Spitze getrieben. Mit innerer Notwendigkeit befand ich mich auf meiner Mission, habe meinen eigenen Stil ausgedrückt, auf meine Art selbstgewählte Aufgaben erfüllt und in die Welt geleuchtet. Aus diesem einen konkreten Menschen mit seinen spezifischen Bedingungen, der ich sein musste, habe ich etwas gemacht. Ich habe mir das Sein anverwandelt, aus ihm gegen jede Anfechtung ein eigenes Dasein herausgebrochen und war ich selbst im Kampf gegen das übergriffige Man. Nichts will ich rückgängig machen, nichts anders haben. Eine ewige Wiederkehr des eigenen, exakt gleichen Lebens mit allen Höhen und Tiefen kann ich bejahen."